COLLANA

MANUALI PER L'ANIMA

Monia Zanon

SINCRONICITÀ
TUTTO CIÒ CHE NON SAI PUÒ ESSERE USATO CONTRO DI TE

Manuale di attivazioni sincroniche per l'anima

Anima Edizioni

Direttore: Timoteo Falcone
Redazione: Sabrina Lescio
Progetto editoriale: Jonathan Falcone
Editing: Chiara Pesavento

ANIMA s.r.l.
Gall. Unione, 1 – 20122 Milano
tel. 02 72080619 fax 02 80581864
e-mail: info@animaedizioni.it
www.animaedizioni.it

Prima edizione luglio 2009
Prima ristampa settembre 2009
Seconda ristampa dicembre 2009
Terza ristampa settembre 2010

Tipografia ITALGRAFICA
ViaVerbano, 146
28100 Novara

Ringrazio

Ringrazio i miei genitori che mi hanno scelto come figlia.

Ringrazio i miei fratelli, compagni di tante avventure.

Col cuore ringrazio il padre di mia figlia, Lorenzo, per avermi amorevolmente amato esattamente per quella che ero.

Ringrazio i miei agenti segreti Liliana e Claudio per avermi accolto e nutrito, e perché continuano ad accogliere e a custodire il mio cucciolo.

Ringrazio mia figlia Andrea Maya, di continuare a stupirmi.

Ringrazio il mio ultimo compagno di vita, Endrik, che con la maestria di chi "non sa che sa", mi ha aperto un nuovo mondo.

Con un sorriso di gratitudine ringrazio Igor Sibaldi, che ha saputo sempre credere in me, e che è riuscito a vedere cose del mio "Essere" che io devo ancora diventare.

E con amore ringrazio il mio spirito guida Amariel, che evolve facendomi evolvere.

Grazie a chi ho conosciuto in questa vita, e che ha voluto viaggiare con me di nuovo.

Grazie ai miei allievi-maestri, che ad ogni incontro mi fanno vedere quanta strada devo ancora fare, e al coraggio che, grazie a loro, non mi è mai venuto meno.

PREFAZIONE
di Monia Zanon

Chi cerca trova.
Chi trova si stupisce
Chi si stupisce è re sugli altri!

Tommaso Apostolo, log. 2

L'INIZIATO

Mi rivolgo a te, a te che tra milioni di libri ti sei sentito attrarre proprio da questo.

Mi rivolgo a te a cui il destino ha voluto porgere quanto segue, a te che aspetti e speri che qualcosa cambi…

Accorgiti delle benedizioni che L'UNO ti manda, egli parla attraverso le persone che incontri, le cose che vedi…

Spesso i suoi messaggi sono "portati" da film che guardi, da canzoni che senti, da semplici coincidenze nel tuo quotidiano…

Mi rivolgo a te e al tuo sentire poiché tutto ha origine quando impari ad accorgerti…

Non è nella quantità di libri che leggerai che troverai la tua domanda, ma sarà il modo in cui userai ciò che leggi e che senti che farà ogni volta la differenza.

Nulla è fine a se stesso, e quello di cui stai per venire a conoscenza potrà farti smettere d'attendere.

È nell'obbiettivo dell'agire verso il risveglio dei tuoi talenti che a te rivelo ciò che contiene il mio "accorgersi", affinché tu ne faccia buon uso, nella direzione del tuo essere di successo per te stesso.

«Esiste un principio che resiste a qualsiasi discussione e che mantiene inevitabilmente l'uomo dentro una "sempiterna" ignoranza. Questo principio è di disprezzare ancora prima di cercare di capire».

Herbert Spencer

Introduzione

Consiglio di tornare a leggere questo libro più volte, ripetutamente nel tempo, vivendolo come una meditazione.

Quando si entra nell'onda forma del testo iniziano ad accadere cose, aumentano le coincidenze e le sincronicità. A poco a poco, quanto letto mesi addietro assume un nuovo, più denso significato. Può capitare che si prendano in considerazione, come se si leggessero per la prima volta, informazioni, possibilità di esistere in modo nuovo, come se all'improvviso si aprisse un varco tra le parole stesse, ed iniziassero a crearsi intense logiche, in nuove e più affascinanti comprensioni.

Alcune parole si ripetono volutamente, compaiono più volte nello scorrere dei capitoli, e creano turbamento, muovono la coscienza, fanno accorgere di accorgersi...

Il programma che ci fa esistere senza tanti perché inizia a franare, e si possono s-programmare credenze poco funzionali che non ci addestrano al miracolo né al nuovo: ed ecco che il modo di percepire il tempo dell'ora viene a cambiare...

Il clichè che ci faceva accadere l'oggi uguale allo ieri e identico al domani, si smobilita...

Si iniziano ad indossare nuove lenti per valutare ciò che ci accade e tutto il nostro esistere si colora di significato. È l'accorgersi!

Nuovi fiori sbocciano nel giardino del già da sempre esistito.

Senza sforzo, senza fatica, si potrà così fare futuro, in un modo nuovo e meno doloroso, muovendosi nel mondo dell' accorgersi!

1. Le vie del calabrone

Si dice che il calabrone in scienza sia un vero mistero: il suo corpo goffo e grossolano è pesante, le sue ali minuscole non possono sostenere il suo peso. In realtà gli studiosi non si spiegano come questo essere possa volare.

Eppure, com'è noto, egli vola!

Non si conoscono le misteriose vie che facciano alzare in volo una creatura così poco adatta alla leggiadria del mondo aereo.

Probabilmente, neppure il calabrone conosce queste leggi, poiché senza nulla sapere, a dispetto delle sue poco adatte proporzioni, egli vola.

Credo che ciò possa dipendere dal fatto che il calabrone non conosca il linguaggio degli scienziati, che per questo motivo e a dispetto di chi lo vorrebbe vedere strisciare a terra, si libri in volo, dispiegando le corte alucce, che rendono il suo corpo veloce e leggero.

Caro confidente, segui le vie del calabrone!

Egli ha molto da insegnare, sii sordo a chi vuole distruggere i tuoi sogni solo perché non ha il coraggio di contattare i suoi.

Qualcuno si chiede perché si passino i primi tre anni della vita a dire: "Io voglio!" e a ottenere subito, e si prosegua poi il resto dell'esistenza a dire: "Io vorrei..." e a non ottenere granché, o peggio, quando si ottiene, si tratta di un desiderio che non ci somiglia più!

2. I desideri e la missione dell'anima

Tutti vogliono essere felici,
ma poi sono confusi
quando devono decidere
ciò che rende felice la loro vita.

Seneca

L'arte di saper esaudire i desideri è alchimia vera e propria, non è certo un'impresa da gente qualunque.

Non è poi cosa consueta che qualcuno ti spieghi come si fa.

Solitamente, quando un desiderio si avvera è fortuna e quando non si avvera è destino che le cose belle accadano agli altri.

In questo modo si lasciano le responsabilità della vita ed il raggiungimento degli obbiettivi all'educazione che si è ricevuta, alle tradizioni che ci hanno abituato a conservare, alle superstizioni della cultura popolare o alla religione o, peggio, a quello che ci hanno insegnato a credere!

È fondamentale capire che, perché i desideri si avverino, è necessario prendersi la responsabilità di ciò che si vuole ma, soprattutto, di ciò che non si vuole più.

Se ciò non accade, non è però sempre colpa nostra, per far sì che i desideri non rimangano tali serve infatti una notevole quantità di sordità alle persone negative, tanto per cominciare.

Ma l'ingrediente primario resta di sicuro un discreto senso dell'accorgersi e qualche piccolo segreto proveniente dal mondo sottile.

Niente a che fare con la fortuna, ma se c'è aiuta!

C'è da dire che non tutto quello che ci accade dipende completamente da noi, ma quel che invece dipende da noi dovremmo sfruttarlo al massimo per renderlo il più funzionale possibile.

Ci sono delle regole che muovono i desideri.

Nell'ultimo periodo si sono riempiti numerosi scaffali, nelle librerie di tutto il mondo, di manuali che spiegano "come" si deve chiedere per poter ricevere, ma anche conoscere questi metodi non è sufficiente. È fondamentale che gli obbiettivi siano in linea con il progetto della nostra anima.

In realtà, lo scopo della nostra anima è imparare, sperimentare, provare, e non trovare l'anima gemella!

All'anima non importa quanto tempo, o quante vite, le serviranno per poter esperienziare ciò che desidera: a lei interessa il "cosa", non certo il "chi"!

Se non riesce ad ottenere l'esperienza che desidera con la vita di Lucia, ci riuscirà con un'altra reincarnazione del suo stesso gruppo animico.

Immagina una specie di grande astronave: un nucleo di anime, tutte che vibrano emettendo la stessa musica. Chiamiamo questa cellula madre il gruppo animico del LA. I soggetti che compongono questa famiglia sono tantissimi.

Ogni creatura vive in uno spazio temporale ben preciso, incarnandosi in determinate situazioni emotive e famigliari, che servano alla piccola e singola anima a far crescere tutta la "Famiglia d'appartenenza."

In realtà al gruppo animico non importa granché di quello che fa il singolo, quando è Claudio, o Maria.

All'anima singola e al gruppo animico interessa esclusivamente l'evoluzione dell'intero creato.

Eh sì, perché, nel Magazzino dove tutto già è, mica esiste solo la Famiglia LA!

Ci sono tantissimi altri gruppi che co-esistono e si scambiano informazioni tra loro attraverso il campo magnetico di ogni nucleo.

In buona sostanza tutti siamo collegati, dalle tante diverse avventure di ogni anima, che fanno scoprire cose ad ogni gruppo d'anime, anime che a loro volta informano di concetti, emozioni, sensazioni tutto ciò che entra in relazione con loro.

Tutto è Uno.
Tutti questi gruppi animici sono tra loro influenzabili: se uno cresce, fa crescere anche i gruppi vicini.

Nella stessa maniera, nel microcosmo quaggiù, se tu scopri cose, la tua famiglia non può rimanerne esclusa, più o meno consapevolmente avrai fatto crescere anche gli altri, con quello che credi sia successo solo a te.

Meraviglioso non credi?!!!

Se si continua a pensare su questa linea, si scoprirà con una certa elegante logica che non esiste il male, non esiste il bene, ma che tutte le esperienze sono neutre.

In base a come viviamo ciò che ci accade, in base alle lenti d'occhiale che si indossano, vedremo ciò che ci è appena accaduto come male o bene. Ma in realtà la situazione è ben più sottile, solo che rimanendo nel nostro piccolo contenitore egoico non riusciamo a valutare davvero con verità se l'esperienza vissuta è stata per il nostro bene o meno.

Qualche volta, con il tempo, ci accorgiamo che certi problemi che abbiamo dovuto affrontare erano in realtà enormi favori da parte dell'Universo.

Ma l'ego, di primo acchito, non è in grado di valutare come si deve.

L'ego si offende, perché pensa di essere già perfetto com'è, e che sono gli altri, invece, a sbagliare, ad abbandonarci, a tradirci, a farci male...

L'ego in distorsione produce questo, è un nemico da tenere sotto controllo. Infatti è il più potente boicottatore dei nostri autentici desideri dell'anima. Ogni volta che ci accade qualcosa, qualsiasi cosa, noi siamo portati a valutarla avvalendoci di due grandi contenitori emozionali: "Paura" o "Amore".

Capienti magazzini di emozioni nelle più varie sfumature, tutte riassumibili però o nell'Amore o nella Paura.

Sulla base del tipo di emozione che sentiamo in relazione ad un fatto, cambiamo la lente con cui guardiamo il mondo. Ma è un imbroglio! Non è verità, è ego individuale.

Nella nostra anima troviamo, come in un archivio, tutto ciò che abbiamo imparato, capito, lei è fatta di consapevolezza.

In lei troviamo anche il modo di conseguire i risultati, come un codice pre-definito, e in questo la casualità non esiste.

Tutto è una serie di ricchissime coincidenze, offerte dall'Universo e dalle sue leggi come possibilità per scuoterci, per farci accorgere.

L'Uno detto Dio vuole che noi capiamo quando non siamo più in linea con i desideri dell'anima, tutto è mosso dall'amore per gli esseri che siamo, e noi la chiamiamo sfiga!

Invece di perdere tempo a lamentarci per quello che non abbiamo più o non avremmo mai, dovremmo svegliarci, e presto anche! Sai quanto dolore in meno?!!!

È comodo togliersi le responsabilità pensando: "No, non dipende da me se sono infelice, è che sembra che non ne faccia mai una giusta, persino il mio fidanzato mi ha detto che il mio seno era più bello prima della dieta!" Ego distorto!

Bisogna attrezzarci e scoprire più veloci della fretta, direbbe mio nonno, cosa davvero siamo venuti a fare qui!

A questo punto è chiaro che non possiamo ottenere tutto, ma proprio tutto ciò che vogliamo, anche se esistono dei modi per fare i compiti per casa e uscire presto a divertirsi, una volta compiuto il proprio dovere.

Vedi, prima si capiscono le regole che boicottano i desideri, prima puoi dedicarti al superfluo, visto che qualche volta quello che è ininfluente per l'anima è importante per noi.

Per esempio: se una persona dovesse desiderare la famiglia, dei figli ecc. e questo non facesse far parte della missione della sua anima, per quanto mettesse in atto il pensiero positivo, non otterrebbe che delusioni, dolore e perdite.

Questo perché non si sono fatti, per prima cosa, i compiti per casa.

Perché l'anima desiderava provare la libertà, il doversi arrangiare, l'instabilità affettiva, la solitudine...

Prima di tutto, quindi, è necessario scoprire presto se i tuoi desideri sono realmente i tuoi, o se invece sono il prodotto della società o dei sistemi di credenze collettive che ti insegnano fin da piccolo cosa desiderare.

Devi scoprire se sono desideri dell'Ego o se sono impulsi reali, veri, indotti dalla tua anima e dal suo gruppo animico d'appartenenza.

Meglio sa, chi già ha provato! Caro confidente, quello che ti rendo agibile è il frutto delle mie esperienze, e spero di poter, in qualche modo, darti le lenti giuste perché tu possa imparare, con sistemi diversi dal dolore.

Nella mia esistenza più e più volte mi è stata messa di fronte dall'Universo la realtà che l'anima voleva sperimentare, ma io non potevo vederla: mi mancavano i mezzi!

Come tutte le creature, desideravo l'amore e una famiglia.

Ma la mia anima no, o meglio non primariamente.

Era il gioco di due forze contrapposte: io tiravo da un lato, perdendo il mio tempo in storie d'amore con uomini che risultavano sempre, ad un certo punto, deludenti. D'altro canto, la mia anima tirava per ottenere l'indipendenza affettiva. Naturalmente avrai già intuito chi ha ottenuto la vittoria!

Le mie relazioni erano un continuo fallimento, grandi decolli e bruschi atterraggi, con un diverso tempo di convalescenza ogni volta. All'ennesimo tentativo credevo di esserci riuscita!

Ho messo a tacere la mia anima per moltissimi anni, ho avuto una famiglia, e una bellissima bambina, che è stata in più occasioni il mio maestro.

Sembrava tutto perfetto, ma non riuscivo a trovare un adeguato utilizzo all'enorme quantità d'energia che mi si rimescolava dentro, come in una centrifuga di lavatrice! Ero depressa per eccesso di energia non utilizzata. Non trovavo niente di sufficientemente bello nel mondo per cui mettermi in moto. Questo faceva nascere in me una svariata dose di sensi di colpa, per il fatto che avevo tutto quello che si poteva desiderare, una bellissima bambina, un compagno innamorato, e tuttavia non ero felice né riuscivo a comunicare in modo autentico.

Mi credevo sbagliata, lì, dentro di me, qualcosa disfunzionava. Ma in realtà questo accadeva solo perché mi rapportavo alle altre mamme che vedevo, al modello standard di donna di trent'anni.

La mia vita procedeva, come si sgranano le perle di un rosario, piattamente, in silenzio, accompagnata solo dal brusio della nenia-preghiera in sottofondo.

Dormivo molto, meditavo, qualsiasi cosa che avesse a che fare con l'aldilà l'ho provata in quel periodo: dalla metafonia al channeling, dalla cristallo-terapia al reiki, bloccandomi in punta di piedi, quando mi proposero l'idrocolonterapia!

Tutto, per poter fuggire almeno un po' dalla realtà.

Trascorsi così una certa quantità di tempo, che ora non riuscirei neppure a quantificare, in questa situazione galleggiante. Rimanere così tanto tempo nell'aldilà, per un po' mi ha aiutato: un modo come un altro, il più divertente, per non guardarmi davvero dentro, ma mi sentivo come sedata e in barcollante equilibrio psico-fisico.

Le guide spirituali, che fin da bambina l'Universo mi aveva insegnato a contattare, mi echeggiavano dentro con il loro caratteristico modo di parlare nella mente, come quando si sogna. Onde forma del tipo: "Non hai più tempo... Stai perdendo tempo... Ti stai perdendo... La tua gabbia dorata non ti proteggerà dal desiderio profondo di conoscere... Accorgiti!".

Ma io non capivo. Ero arrivata persino a credere di essere in procinto di morire, e che tutto quel parlare del tempo, da parte delle guide, non fosse altro che l'avvertimento dell'imminente dipartita. Niente di più errato!

Pensavo a ritroso alla mia vita, a ciò che avevo fatto, alle mie scoperte, alle mie conquiste e vedevo ancora vuotezza e mi risuonava l'eco. La mia domanda di chiarimento tornava indietro, e il signore del tempo non me ne suggeriva di nuove.

Era un continuo tormento, come chi cerca di smettere di fumare, ma non è ancora pronto per farlo. Una cattiva mamma, che non viveva per sua figlia; una pessima compagna alla quale non bastava avere un uomo, voleva anche un complice, un amico, un confidente... Ero triste e nervosa, riversavo negli altri la mia condizione di scontentezza, non capendo che non era la mia famiglia ad essere noiosa, ma che la mia anima aveva iniziato, sempre più pesantemente, a rivendicare la sua missione.

Lei mi aveva mostrato ciò che pensavo di volere.

Ma non erano desideri miei, erano indotti dalla società, dalle usanze, dalle mie credenze.

Ma si è tutti più grandi delle proprie credenze, e questo iniziava a farmi paura, perché sapevo che avrei dovuto fare delle scelte.

Falsi desideri, caro confidente.

Ego distorto!

Alla fine, stremata, arrabbiata con me stessa e senza nessun obbiettivo apparente, senza nessun posto sicuro dove andare a stare, senza denaro, me ne andai di casa. Avevo toccato il fondo: aveva vinto l'anima!

Io, dal canto mio, non avevo ancora capito nulla, o meglio, qualcosa l'avevo capito: ricordo molto bene quando, nelle pagine del mio diario, mi sono scoperta a scrivere:

La mia vita d'un tratto mi riconsegna alla vita, ed è a questo punto, quando non ho più nulla, che capisco quello che non voglio più.

A questo punto di massima disperazione capisco.

Non voglio più comprare la mia stessa schiavitù.

Mi ci volle tutta la fantasia che possedevo per creare un nuovo mondo, ma avevo dalla mia l'ok dell'anima!

Pensavo a come potevo impiegare tutto quello che avevo scoperto nel campo delle energie sottili, per farlo diventare una missione.

Iniziai così, piano piano, nel tempo, a creare Gruppi spirituali per vivere meglio; si sa che il compito risulta più facile se si insegna a farlo agli altri, poiché nell'insegnamento si scoprono tante contratture nascoste in noi, che vediamo attraverso gli altri.

Sono felice nel raccontare che, in questi ultimi anni, ho fatto contattare i propri talenti personali a tantissime persone, grazie alle mie tecniche dell'accorgersi.

Era facile, perché era il desiderio della mia anima, era nel mio destino, nella mia missione. Le parole mi sgorgavano dalla bocca come sotto ipnosi, quando dovevo aiutare qualcuno a fargli uscire i talenti.

Mi contattavano gruppi, mi invitavano a congressi e trasmissioni radiofoniche. In pochissimo tempo la gente mi cercava per quella trasformazione che riuscivo a far fare agli altri, perché l'avevo, in primis, fatta in me.

Intanto la mia preziosissima bambina cresceva in bellezza e in irrequietezza e, da bravo leone ascendente gemelli, mi mostrava, con l'eleganza di una principessa e la burrascosità di un temporale d'agosto, tutti quei nervi scoperti, in me, che lei di certo vedeva tanto bene.

Non ero ricca, ma ero felice, appagata, piena di meraviglia per ciò che riuscivo a scorgere di me nel mondo e nella gente. Tutto aveva preso ad assomigliarmi, e sentivo forte l'appartenenza a quel nuovo mondo di Alice.

Ma l'ego chiamava.

La mia personalità voleva appoggi maschili, voleva amore e... aiuto!!! Voleva famiglia! La mia personalità che non era me, esigeva cose...

Ed ecco che il passato torna se non si è capito, con lo stesso clichè, come un vecchio film già visto, che non lascia più larghi spazi all'immaginazione.

Iniziava a rimanifestarsi la stessa tendenza, mossa dalle mie credenze, e ne sono stata travolta.

Ho re-incontrato l'amore, o quello che credevo lo fosse.

In pochissimo tempo i miei desideri/ego/credenze mi hanno spinta a volere cose che non erano in linea con l'anima: la casetta insieme, la famigliola felice...

Appena l'Universo ha inteso la deviazione di linea, ha iniziato a dirmi, con tutti i mezzi in suo possesso (e quando ha fretta, sembra avere davvero incredibili risorse!):

"No, tesoro caro, non puoi volere questa cosa, questa cosa la vogliono i tuoi genitori, per vederti così sotto forma di figlia normale standardizzata. No, no, no, tu non sei nata per il gioco di 'mamma casetta'! Accorgiti!".

Ma tu pensi che vedessi, caro confidente?

No certo che no!!!! Assolutamente no!! Oh! Sì, certo che guardavo, ma non vedevo!

Così l'Universo, mosso da pietà nei miei confronti, un lunedì mattina pensa di salvarmi la vita, altrimenti avrei perso di nuovo qualche anno di tempo a deprimermi, prima di capire cosa non andasse.

Un lunedì mattina di fine giugno mi tolse l'amore!

Inutile dire che all'inizio non ho inteso questo come un favore!

No, no, no! Grave tradimento da parte dell'Universo, ingrato, che non vedeva quanto io desiderassi questo desiderio!

Sono morta anche io, con la mia storia d'amore.

Nell'autunno dello stesso anno sono rinata, con una nuova consapevolezza.

D'altra parte il mio spirito guida, Amariel, mi aveva avvertito, più e più volte, ma io non capivo. L'ego non mi permetteva di vedere ciò che era come chiara luce.

In giugno, tre giorni prima della catastrofe emotiva, le mie guide, attraverso la scrittura, mi avevano dato uno dei messaggi più importanti per la storia della mia vita in questo contenitore fisico:

"Esiste un modo, per guardare le cose che ti accadono, che le fa essere muro di cemento, sul quale andarsi a schiantare, oppure piste di lancio. Accorgiti!

Devi essere compassione, altrimenti non vedi, non capisci. Ti accadrà un evento, non lasciare sia la rabbia a spalmare i tuoi ricordi.

Guarda bene, non ti sbagliare!

Devi imparare cosa fa il senso del possesso.

Devi imparare la mancanza, ed il coraggio. Cosa significa essere 'Uno', ed essere 'Due'.

Devi imparare a bastarti ed il vivere per te. La soddisfazione di diventare grande per te. L'essere autonomi.

Devi imparare la complicità con te stessa, ed il piacere di non appartenere che a te stessa.

Devi imparare la libertà, che viene dal superamento dei bisogni.

Devi imparare la resa, e l'arrendersi ai limiti propri, che finiscono, come confini, lì dove iniziano i limiti del tuo prossimo.

Devi imparare a riconoscere il risultato, che viene dall'affrontare la vita in maniera attiva, nel farsi scivolare addosso le incomprensioni e i sensi di colpa di chi non vede.
Osserva ciò che è ovvio.
Se qualcosa non è più funzionale a te è ora di lasciarlo andare.
Le energie raccolte renderanno liberi il tuo cuore e la tua anima.

C'è un tempo per tutto, al momento debito.
Ora è il tempo che tu ritrovi te stessa.

Con l'oggi spariscono gli ostacoli che ti impedivano di vedere.
Confida nel processo della vita, affidati all'energia che muove le stelle, poiché essa è quella che sostiene anche te."

Chiaramente non capivo, il fatto doveva ancora accadere, ma era chiaro che stava per precipitare sulla mia testa la fatidica tegola!
Eppure sapevo che il tetto era da sistemare, ma per pigrizia non me ne ero mai occupata.
Se tu non prendi una decisione, caro confidente, qualcuno lo fa per te. Non è male, non è bene. È funzionale alla missione dell'anima.

Grande lezione!
Dopo diversi mesi, Amariel mi disse:

"Cara, la mente deve essere tua serva e non viceversa. Altrimenti fai due passi avanti e tre indietro!
I suoi meccanismi offuscano e ingarbugliano lì dove ci sarebbe bisogno di riordinare e chiarire.
Sei nella mente, che è ora un fallace alleato!
La mente crede di sapere cosa è meglio per te, e in questo ti rallenta e ti percuote con verghe la schiena. Accorgiti!
Ti stai intossicando se non vedi.

Guarda indietro, porta luce alla scena che ora ti fa male: hai raccolto soluzioni per tutti, fuorché per te!

E tu?

Perdi tempo!

Guardati, osserva la scena a ritroso: sei stata lungamente impegnata a tessere ingegnose soluzioni, ma per chi?

Teorie e metodi interessanti che non ti hanno fatto uscire da 'te' per vedere cosa ti stava accadendo! Ci sei cascata con tutte le scarpe!

Ora siamo stati costretti a farti crescere nel dolore. Ma per noi non è piacevole, anche se rispettiamo il modo che tu in fondo scegli per capire.

Guardati: se ci avessi chiesto prima aiuto, qualcosa te l'avremmo detta al riguardo, ma tu chiedevi solo per gli altri, per far crescere il mondo intorno a te, per illuminare la strada di chi amavi.

Così sei rimasta tu al buio!

Ogni volta che toglierai la luce dal tuo passo per illuminare il viaggio di qualcun altro, tutto il tuo essere rimarrà al buio.

E sai che lì, noi, non possiamo aiutarti.

Le frequenze basse non sono agibili per noi che suoniamo in modo diverso (ad una diversa e più alta frequenza).

Le tue domande avevano smesso da tempo di parlare di te, la tua mente non era interessata a te! Ma a fare cose per farsi amare di più.

Nessuno te l'aveva chiesto!

Lavoro inutile che sortisce il triste effetto di far scappare chi vorrebbe vedere se sa fare da sé!

Tutto era pieno di te!

Non esistevano le persone, esistevi tu!

Tanti duplicati di te, che si muovevano in diversi corpi che non erano il tuo.

Ti sei persa e nel farlo hai perso ciò che pensavi di volere.

Contatta te stessa, ritorna in linea con ciò che sei venuta a fare sulla terra. Concentrati per diventare ciò per cui sei nata!

Se vuoi qualcosa per soddisfare i tuoi bisogni, impara a creartela da sola!

Il resto che ti viene dato sarà un dono, un valore aggiunto, ma non vivrai nell'attesa che qualcuno ti dia, perché tu dai tanto!

No! Non è l'atteggiamento corretto! Non sbagliarti! Riappropriati di te!

Preparati a nascere, sarà doloroso!
Il conflitto è dentro di te, ed è lì che deve essere risolto.
L'incontro tra il logico e l'in-logico sta per avvenire: quale sia il vero obbiettivo, sarà il risultato di questo viaggio senza ritorno.
Perché non si torna indietro!

Non temere, avrai il coraggio di entrare nell'oscurità del vuoto, una grande magia sta per 'adempiersi': un mutamento di coscienza.
Puoi accedere ora a questo diritto, vedere un po' più in là.
Usalo come ospite in una casa, è un talento che taglia come un coltello a doppia lama. Una grande fonte creativa si sta muovendo in te: prima questa energia era usata per aiutare chi viveva intorno a te.

Non è egoismo, accorgiti! Solo se sarai in linea con la tua anima potrai aiutare bene gli altri, e in maniera duratura.

Tra poco sorgeranno in te nuove domande. Nasceranno nuovi 'perché', che serviranno, come una pompa di benzina, a fornire di carburante, sotto forma di meraviglia, il tuo esistere.

Le coincidenze servono proprio a questo, ad accorgerti che l'universo è in linea con te. E che sei connessa.
Nell'accorgerti, ti meravigli e, nello stupore, cresci di energia.
Il tuo sistema immunitario si rinforza e tu diventi potente.

Non cercare di capire, altrimenti resti nella mente, asseconda i tuoi perché.
Se hai paura del passaggio, trovati dei falsi obbiettivi, fingi di non sapere che sono tali. I tuoi demoni della 'paura' e del 'bisogno' verranno così distratti.

Spesso accade che, se smetti di lottare, loro si arrendono, non più alimentati dal tuo sentimento di paura, e svaniscono, morendo così di fame.

Fai questo con le paure per il futuro ed esse svaniranno!"

3. Cosa vuole l'anima

"Non è la serie di esperienze che accade ad un uomo nella sua vita a fare la differenza, ma se indossa, o no, le lenti giuste, per vedere nel giusto modo!"

Poter sapere cosa desidera l'anima in questa vita, significa fare meno fatica, concedersi il lusso di trasformare gli eventi in esperienze e non in errori, insomma, la differenza tra imparare a lasciar andare, ed essere abbandonati.

Saper cosa l'anima vuole da noi ci dà la possibilità di far stellare il nostro cielo, dopo che è stato lacerato!

Sapere qual è il progetto originale significa imparare la resa: l'arrendersi ad un progetto più grande di noi che, se accettato, ci farà essere più felici.

Nell'arrendersi e nell'affidarsi all'anima, noi troviamo il segreto autentico, quello che ci permetterà di realizzare ciò che vogliamo.

Realizzare i desideri è possibile solo così.

Si possono infatti realizzare esclusivamente i progetti che sono compatibili con la visione dell'anima. Saperlo è grandioso.

Accettarlo come compito supremo è fondamentale, il resto è sopravvivenza!

Distinguere i desideri dell'anima dai desideri animaleschi del corpo è altrettanto fondamentale. Se queste due categorie di desideri vanno d'accordo, tutto va che è una meraviglia! Diverso il discorso se così non fosse!

C'è da dire che noi siamo più grandi dei nostri bisogni e, prima impariamo a sollevare il velo di Maya, distinguendo ciò che è reale da ciò che non lo è, prima smettiamo di prefiggerci falsi obbiettivi. Non possiamo limitarci ad assecondare i bisogni del nostro corpo, creato per vivere sulla terra, noi siamo di più!

Ma cosa vuole l'anima?

L'anima è piena di informazioni che raccoglie di vita in vita, si cambia d'abito ma rimane in essa la nostra vera identità! L'anima sperimenta cose attraverso la fisicità, ma non è il nostro corpo, la nostra fame, o il nostro bisogno d'amore, o le nostre malattie.

L'anima vuole evolvere, il come non è importante. Siamo conquistatori in terre straniere, non è importante il modo in cui arriviamo ai tesori dell'isola, è importante cosa si riesce a trovare!

Il fine giustifica i mezzi e, per ottenere i mezzi necessari, si deve avere un buon fine. Un gran buon fine!

È perfettamente inutile a questo punto desiderare ciò che non è assolutamente in linea col progetto originale dell'anima. Se ad esempio desiderassimo un castello nella Loira, e la nostra anima, nell'ultima vita, si fosse incarnata in un imperatore, pieno di ricchezze e possedimenti, poco le importeranno i beni materiali in questa. Perché è una condizione, quella della prosperità economica, che già conosce.

L'anima desidererà provare cose più umili, vorrà vivere l'esperienza della mancanza per esempio. Se noi sinceramente accettiamo questa condizione, potremo, una volta capita, ottenere dei premi. Fatti i compiti per casa, nessuno ti chiede di laurearti alle elementari!

Basta capire cosa vuole l'anima nel percorso di vita attuale. Non c'è un Dio punitore che ci chiede il sacrificio o la mancanza, ce lo chiede l'anima! Cioè l'Io vero.

L'anima vuole che ci si congedi dalla vita molto più carichi di possibilità "esperienziate" rispetto a quando ci siamo incarnati.

Anche il mondo possiede un'anima, un battito, uno dei suoi tanti destini possibili.

Ad un certo punto, in uno speciale momento, l'Anima Universale, che collega ogni famiglia e ogni gruppo animico, agisce in tutti e in tutto nello stesso momento.

Questo avviene quando tutti siamo pronti, quando vibriamo sufficientemente all'unisono per realizzare il "destino collettivo" di quel momento.

In quell'istante nascono nuove possibilità per tutti, nuovi destini da vivere, nuove esperienze da provare, nuove cose che l'anima desidererà sperimentare.

Ecco l'unità nella frequenza di ogni singolo protagonista del creato. Non c'è una maniera giusta o sbagliata perché questo avvenga.

L'essere umano, secondo la legge del karma, è chiamato a muoversi in questo modo, di generazione in generazione, ripetendo gli stessi errati clichè, finché, ad un certo punto, un numero di anime sufficiente, che stabilisce la famosa "massa critica", cambia la frequenza dei molti, accorgendosi del vecchio sistema che fa accadere tutto uguale.

Nella comprensione del non più funzionale, l'essere umano comprende che deve, per forza, cambiare. Con questi pochi elementi, mossi dall'accorgersi, la frequenza del mondo intero viene ad essere modificata, e tutti i suoi esseri con lui.

Ognuno di noi ha un suo modo speciale di procedere, a livello di ego individuale e a livello animico; ogni anima ha la sua verità, e deve unirsi alla verità di tutte le altre.

Nella direzione dell'unità ognuno può sperimentare varie tecniche, dal lasciare all'essere lasciato, dall'amare al non essere amato: tutte le tecniche sono valide, ma nessuna tecnica va bene per tutti!

Tutto evolve, niente rimane fermo, dai cristalli alle piante, dagli animali all'essere umano. Chi è rigido va contro l'evoluzione, chi tiene bloccato, chi si pone con forza in direzione contraria al cambiamento è destinato a soccombere.

Se lo capiamo non soffriamo, e tutto sarà più bello da sperimentare, da provare e da lasciare andare, con infinito amore.

L'Universo detto Dio, non se ne fa nulla delle nostre lacrime! Egli desidera l'evoluzione e il resto è affar nostro!

Iniziamo col concederci amore. Amore per ciò che vediamo, per ciò che ci accade, per l'immenso essere che siamo. Amore per tutti gli esseri visibili ed invisibili che ci hanno permesso di volgerci a nuovi orizzonti del nostro apparire. Sarà l'inizio di una lunga storia d'amore, destinata a durare per sempre!

C'è da dire che il mezzo più efficace e bello per arrivare a conoscere Dio è proprio la segreta frequenza dell'amore. Tutti i grandi mistici e gli illuminati lo ripetono da sempre. Quando siamo nell'amore anche le cose più difficili da superare diventano dolci colline e non picchi impervi.

L'anima stessa del mondo è mossa da queste leggi, come dichiara Dante con il verso: "Amor che move il sole e l'altre stelle", perché tutto risponde al movimento del dare, che è il movimento dell'amore.

Quando una persona è nelle vibrazioni della felicità può essere aiutata dalle energie sottili, poiché là esse vivono.

Non possiamo essere aiutati quando vibriamo nel dolore.

Se ci attrezziamo nel giusto modo e proviamo i sentimenti giusti, tutto l'universo si organizza affinché noi possiamo ottenere.

Per essere aiutati si deve procedere con la sicurezza che si otterrà. Dobbiamo arrenderci al fatto che finché siamo nella frequenza del dolore e della mancanza niente di buono, se non altra mancanza, arriverà nel nostro percorso. Dobbiamo cambiare frequenza affinché l'universo ci mandi i suoi vassalli.

È la Legge dell'attrazione: ognuno attrae ciò che più o meno consapevolmente chiede.

Se vibri alle frequenze dell'energia dolore attrarrai demoni dolore, cioè ammassi di energia composti dalle forme-pensiero di questo tipo, appartenenti alle moltissime persone che pensano in questo modo.

È contagioso! Solo chi riesce a raggiungere velocemente vibrazioni alte o a rimanere costantemente nell'amore può esserne immune.

Chi è triste attira gente triste.

Ti sarà capitato, caro confidente, in un particolare periodo della tua vita, magari triste, in cui la tua energia era bassa e i tuoi pensieri incentrati sul concetto di mancanza, di incontrare quasi solo persone nella tua stessa condizione. Non è una banale coincidenza!

Prima ci si accorge, prima inizia il processo di trasformazione verso la guarigione, che rappresenta l'uscita da quel clichè svantaggioso.

Impariamo a guardare davvero e a sentirci sul serio: impariamo ad osservare i desideri! Diamoci una scossa, liberiamoci dal già visto e del già sentito.

È necessario correre dei rischi.

Nel "mi accontento" non c'è magia!

Riusciamo a comprendere il miracolo della vita solo quando ci accorgiamo.

Tutti i giorni, con il primo raggio di sole, l'universo si attrezza per permetterci la consuetudine del miracolo.

Per paura dell'incerto, ogni giorno noi creiamo resistenza al cambiamento che ci farebbe vivere meglio, privandoci del nuovo e del bello a vantaggio di ciò che già si conosce e che non ci fa cambiare prospettive.

Sappiamo già dove porterà quella strada e dove si svolterà dietro quell'angolo...

Conosciamo già il gusto di quel cibo e il suono di quel campanello...

Niente magia nei giorni uguali ai giorni, privi di batticuore, credendo che i miracoli siano cose che appartengono alla religione, o più tristemente a vecchi racconti di fiabe per bambini.

4. Accorgersi e decidere

"Le decisioni sono sempre l'inizio di un nuovo clichè, esse spaventano perché non sappiamo se abbiamo fatto la scelta giusta. La scelta giusta è mossa dalla consapevolezza di ciò che assolutamente non possiamo più volere, e la consapevolezza è il nostro accordo con la paura!"

È necessaria l'accettazione.

Senza l'accettazione di ciò che ci sta accadendo, come mezzo per evolvere, ogni benedizione che ci è stata mandata diventa una maledizione!

Nel processo di crescita, molte saranno le volte in cui saremo chiamati a scegliere.

Le scelte sono proprio un bell'affare!

Spaventose scelte! Difficili e inevitabili, a volte irrevocabili scelte!

Ma sempre, sempre temute all'origine: loro, le scelte, sono invece il sale della vita!

Quando decidiamo di cambiare qualcosa, scivoliamo in una frequenza speciale, e in quel momento il destino del "parallelismo spazio temporale" che si sta vivendo può essere cambiato.

Il destino che per noi "era destinato" può mutare.

Si agganciano così altri futuri possibili, altre braccia da stringere!

Giungiamo in un nuovo luogo dell'apparire del nostro "Essere" e, qui, infinite nuove possibilità ci attendono.

Meraviglia nel meravigliato!

Le infinite possibilità dell'Essere che accoglie il cambiamento!
Dono del Supremo che, attraverso la possibilità, rinnova l'amore per il suo creato.
Genitore giudizioso e paziente, che ci offre il fazzoletto per piangere, o la "pacca sulla spalla" per incoraggiare, o ancora sorrisi di orgoglio per quanto abbiamo già ben fatto.

Allora usciamo dallo squilibrio che ci fa star male!
Come piccoli Bambi a cui barcollano le gambe, nei primissimi passi che andiamo a fare, dovremmo essere sempre presenti nel credere che lo scegliere non è mai, mai un salto nel vuoto.

Questo vuoto poi, che tanto ci crea orrore, è pieno di cose!

Quando ero piccola mi dicevano:

"Eh! Ci dispiace, il ciuccio te l'ha portato via il cane, è sparito nel nulla!"

E quando la bambola che tanto amavo non si trovava più, i miei genitori commentavano:

"Dovevi averne più cura, adesso è sparita nel nulla!"

Allora io pensavo:

"Ma un giorno andrò dal nulla, e mi riprenderò tutte le cose che mi ha rubato!
E forse troverò quello spazio pieno di giochi di altri bambini."

Avevo scoperto il Nulla Pieno!
Ma impiegai altri vent'anni per capirlo!!
Il fatto è che da piccoli si è dotati di intuizioni di prima mano, ma non si è ancora pronti per unire desideri e pensieri. Eppure, quello

di cui ci accorgiamo a quell'età rimane, come seme su terra, pronto ad accogliere la giusta stagione per forare il terriccio dell'inconsapevolezza.

Come temiamo le scelte, temiamo anche il nulla, quella vuotezza di eventi, quel sembrare staticamente inermi, di fronte ad un fatto della nostra vita, ad una attesa...

Non dovremmo temere il nulla!
Il nulla è opportunità.
È il moto-quiete più connaturato alla nostra anima.

Nel vangelo di Tommaso Apostolo (log. 50), considerato il didimo, cioè il gemello di Gesù, si legge:

Gesù ha detto:
"Se vi dicono:
'Da dove venite?'
Rispondete loro:
'Noi siamo usciti dalla luce,
di là dove la luce si forma
uscendo dall'Uno stesso.
Essa si espande
E si manifesta, vivente, negli archetipi.'
Se qualcuno vi dice:
'Chi siete?'
Dite:
'Noi siamo i figli della Madre vivente,
noi siamo gli eletti del padre vivente.'
Se vi domandano:
'Qual è la caratteristica della coppia Celeste che vive in voi?'
Rispondete loro:
'È allo stesso tempo movimento e quiete.'"

Nella filosofia Zen è la Fonte, l'archivio delle infinite possibilità: il Nulla!

Mai più pieno, nell'essere vuoto! È quell'essere talmente invasi dall'energia che ci pervade, da paralizzarci quasi per eccesso di dinamismo!

È magia!

E noi lo temiamo.

Lo temiamo perché non lo conosciamo, e non ci permettiamo di conoscerlo.

Lo scambiamo spesso per mancanza. Invece ne è l'esatto opposto.

Il nulla è un enigma! È talmente pieno di scelte da sembrare un assenza di scelte!

È talmente pieno di maniglie su cui appigliarsi, da sembrare un continuo precipizio. Precipitare per l'eternità!

Eppure, prima della creazione dell'universo vi era questo, il nulla! E in esso la promessa dell'intero creato, racchiuso in un piccolissimo spazio, quasi da non credere! Era la promessa delle infinite possibilità che ci attendevano, ma chiunque ci avrebbe visto poco più di un pisello!

Col tempo e l'attesa ne è venuto un "Universo" di cose.

Quando ti sembra di vivere il nulla, rilassati, smetti di lottare, e accorgiti di quanto questo vuoto sia in realtà pieno di speranza e promessa. Anzi, sia la promessa stessa! Non resta che ringraziare per tanto amore, ancora una volta.

Sono poche davvero le persone che riescono a godere dei loro momenti di nulla senza ansie e sospiri, semplicemente nella consapevolezza che tra un po' sarà costruito un nuovo universo tutto per loro!

È necessario rallentare.

Finché si scappa dal nulla non si può vedere davvero cosa ci aspetta di fronte a noi.

Riposa. Aspetta che si alzi la nebbia dell'orrido che hai provato nel percepire la presenza del nulla.

Assapora come ci si sente sapendo che tutto è già, e al momento giusto. Ecco! Il seme ha forato la terra, e una nuova piantina è venuta a far parte del tuo giardino! Spettacolo di cui non avresti goduto mentre ti agitavi a gomitate nel nulla!

È un miracolo che ciclicamente accade, quello di entrare nella possibilità, eppure viene vista come male.

C'è molta bellezza e meraviglia in quegli eventi che cataloghiamo come male! Ma se non ci fermiamo non vediamo!

Se imparassimo a sentire cosa l'esistenza ci offre, se imparassimo a percepire l'esistenza com'è, non ci si preoccuperebbe che di sedersi ad osservare, mentre il nostro corpo si organizza internamente per cambiare tutte le sue cellule, per far fronte a quello stress che per noi è male e che per l'esistenza è l'accorgersi!

L'esistenza ha bisogno di noi per manifestarsi. Figuriamoci se non se ne occupa!

Non si muove foglia che Dio non voglia si dice. Ed è!

Attraverso i pensieri, gli archetipi viventi, l'Universo prende forma e si trasforma. L'universo che è in noi, dentro e fuori, in cielo ed in terra… così nel pieno come nel nulla!

Di che sono fatti i pensieri?

Di desideri! Desideri dell'ego, credenze e, in piccola parte, desideri d'anima. Questi ultimi sono mossi da quella strana nostalgia che percepiamo come mancanza di qualcuno o di qualcosa.

In realtà non ci manca nessuno e niente, è un disagio più profondo. Ci manca uno stato dell'essere! L'Uno, al quale far ritorno.

Ma è attraverso la comprensione degli altri tipi di pensieri- desideri che si capisce il come e il dove.

È nella consapevolezza della diversa natura dei nostri desideri-pensieri che noi ci evolviamo.

Altro miracolo dell'Esistenza! Che altro non vuole che far vedere che esiste, attraverso di noi!

Essa gioca attraverso la privazione ed il dono, poiché solo chi ha perso sa cosa significa ritrovare. Solo chi ha odiato capisce le dinamiche dell'amore e solo chi ama arriva a comprendere che non c'è niente, ma proprio niente da capire! C'è da contemplare! Contemplare l'Esistenza!

È attraverso il creato che noi impariamo ad accorgerci dell'Esistenza. Dell'Esistenza che, in un certo senso, non ha occhi che per noi!
Siamo preziosi luoghi dell'apparire di Dio. Modi, maniere, con le quali l'Uno detto Dio parla di sé, sfumature eccentriche di una umanità eclettica e variopinta, che continua a farsi stupore!

Ora, mio caro confidente, ora che sai, come puoi chiamarlo nulla? Come puoi averne ancora paura? Siamo troppo fieri per considerarci sciocchi, ma almeno loro, gli sciocchi, questo lo capiscono subito e si fanno aiutare.
È nello smettere di fare che si capiscono i nostri sistemi, universi non più funzionali, che ci fanno accadere tutto uguale.
Lo sciocco se ne accorge e, se continua per quella strada, è solo per vedere la faccia di chi guarda e non capisce.

Il savio, invece, rimette in scena la sua stoltezza! E ha il coraggio di chiamarlo sopravvivere!
Il matto vive e, nella sua consapevolezza, egli allontana la noia e le malattie. Perché lui ha il coraggio di cambiare! Che sistema sottosopra!

È l'ego distorto che ci fa vedere le cose con le lenti delle credenze collettive. Ecco che con questi occhiali ciò che è ben fatto è solo quello che corrisponde ad una strana cosa definita essere maturo, che ci fa accadere tutto uguale a ieri e pressoché identico al domani!
Basterebbe cambiare le lenti per capire che sbagliare è umano, ma perseverare nell'errore è diabolico, è cioè disfunzionale!

4 e ¾. Cambiare!

"Ci sono due modi in cui puoi vivere la vita:
uno sta nel non ritenere possibile il miracolo;
l'altro nel ritenere ogni cosa un miracolo."

Albert Einstein

Cambiare, cambiare, cambiare!!! Cambiare prospettiva, cambiare il modo, e soprattutto l'atteggiamento che usiamo per credere!

Nel sistema di valutazione della nostra anima la cosa peggiore che possiamo fare è rimanere fermi! Temere il cambiamento, non attrezzarsi per il proprio miracolo.

Se una via non va, va cambiata! Ostinarsi a volerla percorrere è dolore, è tenebra!

Non sapere quale decisione prendere e rimanere paralizzati nell'attesa è la peggiore delle sofferenze!

Alcune cose possono apparire scontate, ma scontate non sono quando cominciamo a prendere consapevolezza che spesso falliamo perché abbiamo pensato fin dall'inizio che non ce l'avremmo fatta.

Spesso la paura di sbagliare nello scegliere è più distruttiva della scelta stessa!

Qualche altra volta, invece, vige la legge del mi accontento: pensiamo che dobbiamo accontentarci e che volere di più è male! Qualcuno molto tempo fa, quando eravamo piccoli, appena affacciati sul mondo, ci ha spiegato che è male!

Sì, ora ricordiamo bene quelle frasi che cantilenavano cose del tipo:

"Bisogna sapersi accontentare!"
"L'erba voglio non cresce neanche nel giardino del re!"
"La vita è dura, è ora che ti svegli! Mica penserai che ti stanno facendo un favore!"

Poi, crescendo, nessuno ci ha spiegato come funziona nel mondo dei grandi.

Caro confidente, ti consiglio di farti un dono! Frequenta un asilo per un po' di tempo, o un bambino nella fascia di età in cui capisce tutto, cioè intorno ai tre/quattro anni, ti meraviglierai di ciò che ti sarà dato di scoprire!
Profonde differenze tra il mondo dei grandi e quello dei piccoli; differenze sostanziali che ti faranno ricordare come pensavi quando eri del mondo dei piccoli, quando tutto aveva un senso.

Nel mondo dei grandi si vive per lavorare!
Nel mondo dei grandi i lavori importanti non sono sempre svolti da chi è più competente.
Nel mondo dei grandi non si gioca tutti insieme e non si dividono i giochi con gli altri...
Quando si spiega a qualcuno, nel mondo dei grandi, come si fa una cosa, non ci si fa un sorriso perché si è scoperta una cosa nuova insieme!

Il mondo dei grandi è una cosa seria!
Il mondo dei grandi non è divertente, perché divertirsi è male!
Bisogna lavorare e il lavoro è una cosa seria!

Condividere quello che si ha, nel mondo dei grandi, fa sì che ci si trovi presto a non avere più nulla da poter condividere!

Prendere la vita con leggerezza è male in questo mondo!
Nel mondo dei grandi si ragiona sulla base di definizioni che diventano quasi delle categorie: maturo ed immaturo, e poi a Natale ci si abbraccia e ci si fa gli auguri per finta!

Avere tanti desideri poi, è male, sono illusioni che ti fanno perdere di vista ciò che effettivamente hai! E di solito ciò che accade agli altri è sempre meglio!

Bisogna stare attenti, altro che testa fra le nuvole!
Potrebbero succedere cose, nel mondo dei grandi, e chi si rilassa è perduto!
"Non c'è tempo! Non c'è tempo! Presto che è tardi!"
"Vorrei, ma non ho tempo!"
"Beato quello che ha tutto il tempo per pensare a queste sciocchezze! Ma cos'era quella cosa importante che dovevo fare? Eppure era davvero importante, sono arrivata fino a questo corridoio e...Ah! Sì! Devo andare in bagno!"

L'ansia del tempo e del non aver tempo devasta il nostro cervello che, in agonia da sindrome da traffico, rantola, alla visione del rosso di un semaforo!

"Mica si scherza nel mondi dei grandi!"
"Mica ci si diverte a lavorare! Il lavoro è lavoro!"
"No, qui non si perde tempo!"
"Se mi piace il mio lavoro? Cosa c'entra?!"
"Cosa sono questi discorsi idealisti dell'amore per sempre!? Non ti lasciar influenzare! Anzi, goditela finché dura!"
"È male! È male, sì proprio così! E prima si impara meglio è!"

"Heiii!! Mondo dei grandi?!
Dal mondo dei piccoli, è in arrivo un comunicato stampa!
Gioite! Gioite!
Ve lo spiegano i bambini dell'asilo come si vive! Che forse, a forza di dosi quotidiane di pessimismo e di fastidio e dello sforzo costante di essere seri, ce lo siamo dimenticati!"

Mondo dei grandi?
Perché si passa un tot a voler diventare adulti e si finisce per continuare l'altra parte della vita a dire beata gioventù?

Cos'è che non abbiamo capito nel diventare adulti? Di cosa ci siamo dimenticati, noi appartenenti al modo dei grandi??

Essere felici non è male!
Ricordiamoci quanto era bello quando c'era l'intervallo: il tempo della merenda!
Ricordi?!
Quella cosa ingrassante tipo la Nutella, che ti fa credere con imperturbabile slancio che Dio esiste, se esiste la Nutella?!
E che, per quanto possano continuare a dircelo, Dio non può essere cattivo se esiste il bacio della buona notte!
E che molti angeli hanno l'aspetto di un viso amico che ci toglie i sassi dalle ginocchia quando abbiamo calcolato male le distanze!

Sveglia adulto! Il mondo è molto meglio di come lo stai portando avanti, volendo per forza alzare barriere per rafforzare mari di malessere, procurati ogni volta che ti dicono che:
"No! Le vacanze in agosto le fa la collega più anziana!
Adulto?! Le vacanze in settembre sono meglio! Fa meno caldo e la sabbia si attacca meno alle creme solari!".

È ora che nel mondo dei grandi si sappia che le verdure lesse non fanno bene se ti fanno schifo!
E che non è vero che gli animali disturbano e sporcano se esiste il vicino che fa lo stesso e nemmeno è un cane!

"Mondo dei grandi?!
Hei! Voi, lì !!
Lo sapete che da noi, all'asilo, i grandi allacciano le scarpe ai piccoli?
E quando lo fanno non è per rubargli il lavoro!!
Mondo dei grandi?
Ma perché vi piace girare coi vestiti grigi e neri che dite che fanno chic, che fanno elegante e smagriscono, quando potreste vestirvi d'arcobaleno e lo sporco del sugo della pasta sarebbe un valore aggiunto??!!!
Hei! Mondo dei grandi!

Se il mondo è rovescio avete provato a mettervi a testa in giù?

No! Non voglio crescere per diventare così! Come voi! Che non capite che no, che il gatto non può pulirsi le zampine prima di entrare in casa!
Se essere adulti è diventare schiavi e dover obbedire senza nulla di eccitante in cambio, non è conveniente diventare grandi! No, no!

Da grande voglio fare un lavoro che mi faccia felice, come sono felice quando tutti i bambini giocano con la mia galleria di sabbia!".

È ora che li ascoltiamo!
E, forse, che ci si vergogni pure un pochino, per non averlo fatto prima!

Avere una vita appagata e appagante non è male!
Fare un lavoro che ci faccia sentire che esistiamo, per cui ci pagano anche, non è male!

Se non puoi felicemente darti, non dare, o quello che offrirai sarà veleno!
Se ciò che fai non ti rende felice, smetti di farlo!
E ogni obbiezione è una falsa obbiezione, perché non esiste obbiezione al vivere meglio! Anche avendo meno!

Il vero successo non sta nell'avere un lavoro per cui svegliarsi al mattino, qualsiasi posizione questo lavoro ti faccia occupare nella società.
Il vero successo sta nell'essere famoso per te stesso!
Il vero successo sta nell'essere felice di alzarsi al mattino!

Non condannare gli altri per quello che hanno più di te; se non hai, è solo perché non ti sei attrezzato nella giusta maniera. È un problema di organizzazione.
E di accorgersi!

Abbi fiducia! Chi mette in moto ciò che sa fare con gioia e slancio non può essere infelice. Crediamoci!

Anzi impariamo ad accorgerci che è così!

È facile lamentarsi, ma non è il sistema che non va.

In realtà la colpa è in gran parte nostra perché permettiamo al sistema di condizionare i nostri desideri, le nostre riuscite e i nostri perché ma, soprattutto, i nostri perché no!?

5. Chi sta desiderando? Quale parte di me sta desiderando?

Ti sei mai chiesto se i desideri che desideri sono davvero i tuoi?
Accorgersi della natura dei nostri desideri è fondamentale per la buona riuscita dell'intento.

Prestare attenzione se ciò che desidero viene da me o non è piuttosto una forma-pensiero collettiva che si è consolidata, o è stata geneticamente trasmessa dai genitori o dai nonni fino a risalire anche di diverse generazioni, questo è fondamentale per chi si cimenta nell'arte dei desideri!

"È mio questo desiderio oppure appartiene alla mia famiglia, al parentado, alla comunità?
Forse è indotto dalla società stessa a cui appartengo?
Questo è un desiderio che davvero voglio che si avveri o è un desiderio nutrito per farmi amare di più?"

Quando si sta per addentrarsi nel mondo dei desideri ci si deve chiedere:
"Quale parte di me sta chiedendo?"
Potremmo stupirci della risposta!

Non ci si deve solo chiedere di chi sono questi desideri, ma molto più sottilmente: "Sono desideri che voglio davvero che si avverino?" O sono piuttosto scuse, falsi obbiettivi che mi prefiggo per stordirmi, perché ho paura di farcela davvero?

E cosa accadrebbe se i miei desideri iniziassero ad avverarsi e scoprissi che sono davvero forte, ma poi essi non mi somigliassero più e non fossero nemmeno più in linea con ciò che sento di volere davvero?

Come lo spiego a quella parte di me che mi vuole perdente, sconfitto, grazie a milioni di quotidiane iniezioni, negli anni, di pessimismo e fastidio? Come spiego a quella parte che posso avere ciò che voglio, e che spesso ciò che voglio l'ho già superato nel moto dell'ottenere?

Tutte cariche negative che mi fanno vedere che le cose speciali accadono agli altri, che piove sempre sul bagnato e che se la vita mi sorride è perché ha fatto una paresi!

Sforzati sinceramente di cambiare la tua vita, vivendo in maniera nuova innanzi tutto pensando in modo diverso. Diventa amico di te stesso! Inizia a scoprire cosa vuoi davvero!

Se ho buone armi riesco a farmi alleata quella parte di me che mi vuole come suo peggior nemico, quel me stesso che è stato più volte ferito e che nasconde profonde contratture che ancora dolgono.

Caro confidente, ad un certo punto della vita l'anima chiama.

Questo accade normalmente dopo i trent'anni, quando l'essere umano è più attento e più in linea con desideri e pensieri. Prima di questo momento l'anima giace quieta, e lascia al corpo fisico la sperimentazione della sua tendenza, più femminile o più maschile. Poi, all'improvviso e senza nessun preavviso, Lei si sveglia!

Non ricordo il momento con chiarezza, ma ricordo in che modo ha iniziato a chiamarmi all'ordine la mia anima, costantemente, quotidianamente, con lo scorrere delle stagioni.

Tornando indietro nelle pagine dei diari, trovo scritto:

Spreco il mio tempo appresso a quaderni e a libri che non mi fanno certo uscire da un luogo che già conosco!

Ecco! Un degno segnale che l'anima si è svegliata! E ancora, qualche riga più sotto:

"Non capisco cosa ci sia da capire. Il mondo è strano... non è un sentimento di paura, credo sia quasi più simile alla saggezza, saggezza di chi pensa di conoscere la realtà. Meglio la follia! Lascia più chance!"

Puoi anche tu, attraverso il mio accorgermi, meglio riconoscere quando la tua anima si è destata.

Prenditi il tempo di osservarti ripercorrendo a ritroso le stagioni già trascorse della tua vita, leggi e ascolta le registrazioni di ciò che manifestavi, potresti scoprire nuovi universi in te, prima nemmeno sognati.

È commovente quando lei, l'anima, si scuote dall'assopimento che gli anni le hanno procurato.
Nel riconoscerla accesa, noi scopriamo il segreto del Chi Siamo davvero.
La Scintilla Divina si manifesta così in noi, senza nessun viaggio apparente da intraprendere, alla ricerca di Dio. Si smette all'improvviso di perdere il proprio tempo in falsi obbiettivi e si entra nel momento più fertile della nostra esistenza egoica: il momento della verità, quello del risveglio.

Normalmente questo periodo viene chiamato crisi.
È in realtà un tormento profondo dell'anima, che cerca di preservare se stessa, che ci chiede di evolverci dalla precedente fase di carne e sensi.

Si inizia così a sognare i propri sogni, con costi altissimi nel mondo della cruda realtà.
Si inciampa più e più volte, per scoprire che l'essersi tirati su non ci esenterà dall'inciampare di nuovo. Certo, lo percepiremo come il coraggio del folle, o come la ribellione a un destino ingiusto.

Per chi ha già approcciato la legge di causa ed effetto, potrebbe essere consolatorio pensare che si riceve ciò che si è dato, ma non sarebbe sufficiente per credere che è giusto così.

Per questo è necessario accorgersi!

Presto ci diventa chiaro, ma ad intermittenza, che è meglio perdere dei combattimenti nell'intento di volere realizzare i propri sogni, piuttosto che essere sconfitti senza sapere perché si sta lottando.

Ma neanche questo risulterà sufficiente alla nostra anima.

Lei chiama continuamente, con l'insistenza del vento sul balcone che viene scosso fino quasi a rompersi. Pensiamo che sia sufficiente chiuderlo. Ma non è del balcone che si sta parlando, bensì del vento!

Sottile differenza, che ci aiuterà a capire l'origine dei desideri.

Lei chiama, come la sigaretta per chi ha deciso di smettere, come il formaggio per chi è in cura dall'omeopata!

Lei, l'Anima desidera!

Noi ci sbagliamo ripetutamente, mentre riempiamo gli spazi di desideri assurdi.

Lo capisce bene chi, in dieta dimagrante, sentendo l'impulso dei carboidrati, apre il frigo, cerca con bramosia del cibo, che sia il meno calorico possibile e, alla fine, stremato dalla richiesta del desiderio, opta per una gamba di sedano!

Per quanto dica a se stesso che è una bellissima gamba di sedano, croccante, idratante e piena di sali minerali, sa che è falso, che non gli importa niente del sedano.

Il desiderio dice chiaro: paneeeee!!!

Profumato, soffice, pane bianco ancora tiepidino. Anzi, va bene anche freddo!

A ben pensare è più croccante!! Pane! Pane! Pane!

Esasperato, il soggetto in dieta si mangia la gamba di sedano.

Il corpo apprezza per un attimo lo sforzo, poi dice: "Non mi hai convinto!".

Paneee!

Allora il povero essere si avventa di nuovo sulla credenza e trova una mela.

In fondo c'è chi darebbe la vita, per quella mela. Lo sventurato cerca di ricordare quanto è stata importante per la signorina Eva e la mangia!

Ma il desiderio del corpo dice: "Basta! Dammi ciò che chiedo!".

Alla fine della partita, il corpo della persona è riuscito a mangiarsi un intero reparto di ortofrutta e, per ultimo, il suo bel pezzo di pane!

Se avessimo assecondato subito il desiderio autentico, avremmo di certo sofferto meno, perso meno tempo e rispettato la nostra dieta.

Questo è accorgersi!

Cosa vuole l'anima ora che si è svegliata?

Solitamente si considerano i mezzi per ottenere la realizzazione del desiderio, e non si indaga quasi affatto sulla natura del desiderio stesso.

Pensiamo: "Mi manca l'amore. Se mi amassero, la mia ansia si placherebbe".

Ma l'amore è un mezzo, non il fine, e si cade di nuovo nel tranello.

Ci perdiamo nelle passioni, che feriscono. Poi ci si ritira imbronciati.

Allora si inizia a giudicare l'amore del futuro con i vecchi file del passato, del programma di ieri.

Non ci si accorge che ieri eravamo un'altra persona, che non possiamo risolvere le mancanze con altre mancanze.

Non capiamo che l'amore si muove sempre con venti di novità, che si ami una, due o tre volte...

L'amore, altissimo mezzo, può così diventare, per i ciechi, porta per l'inferno o per un falso paradiso. In realtà non è né uno né l'altro.

È un mezzo, per cui è neutro. L'esperienza, con cui noi lo valutiamo, lo farà diventare uno piuttosto che l'altro.

La cosa saggia è osservare che, in qualsiasi situazione l'amore che stiamo provando ci porti, ci sta sempre portando da qualche parte.

Dovremmo quindi sperimentare l'immobilità, per vedere che è demoniaca.

La durata del tempo è varia, dipenderà da quanto ce ne serve nel mondo degli abissi, impegnati a parlare con le nostre stesse tenebre.

Inutile riversare le colpe sui protagonisti dei nostri amori, loro mettono solo in scena una parte. Nell'incomprensione constatiamo che abbiamo maniere diverse di percepire il mondo. Non c'è un modo giusto e uno sbagliato. Sono modi, mezzi per capire.
Il mio modo non è uguale al tuo modo, mio caro lettore, ma tutti e due siamo in cerca della stessa cosa, in verità.

Si tratta di prendere la nostra piccola verità e di confrontarla con la verità dell'Essere che l'Universo, la Grande Coscienza, ci pone davanti.
Nel punto d'incontro di queste verità c'è la vera verità. È nei modi di arrivarci che noi facciamo evolvere ciò che siamo davvero. È questo il miracolo del desiderare. Con la passione portata dal desiderio noi evolviamo, fino al punto in cui non abbiamo più niente da desiderare. Perché abbiamo fuso, in noi, il moto-quiete della vacuità.

Sono viva!
Mi scopro mentre mi scopro a provarlo! Viva! Nelle infinite possibilità di sbagliare, di scegliere e di cambiare idea. I miei amici pensano che sono inaffidabile, mentre io mi scopro. Mi vedo interessante. Non intesa come individuo, ma come anima che si scopre a vedere se stessa. E gioca e ride e scherza, nello sperimentare che esiste!

Altre frasi rubate dal mio taccuino.
Altri frammenti di me che salgono alla memoria. È nel ricordarli che posso ora, con una diversa consapevolezza, accorgermi di quanto sono cresciuta. Certo guardando bene e considerando quanto ancora mi importi del parere altrui, prevedo ancora lunga la strada e mi percepisco come una semplice ospite nell'anticamera della conoscenza. Precaria inquilina, che ancora goffamente non ha capito le

regole della casa, ma si sforza per accettare questa dimora, come luogo necessario.

"Io… non… so!"
È nell'atteggiamento del chiedere sempre:
- "E poi?"
- "Cosa c'è che non vedo?"
- "E ora?"
che mi muovo.
Vorrei, nel farlo, fare meno rumore, ma non posso. Il mio ego è giovane e vuole ancora sentirsi esistere mostrandosi.

Mentre mi leggo, come mi vedo commovente, in questa veste di creatura profuga!

Nel raccontare a te, io mi vedo! E quando anche a te capiterà di condividere il contenuto del tuo "accorgersi", ti sembrerà tutto, anche se solo per un attimo, chiaro. Come l'avessi sempre saputo.

L'accorgersi però non dura molto. L'energia torna giù e quell'atto di propulsione che ci aveva spinto nel magazzino dove tutto già è si allontana da noi. Allora, ecco che viviamo nell'attesa di un modo che per un tempo sempre più lungo ci mantenga connessi. Solo così, sempre più connessi, riusciamo a svelare i veli dei falsi desideri e a recuperare il SÉ.

5 e ¾. La malattia che uccide i desideri

Alcune volte è assai meglio perdere qualche combattimento nello slancio entusiasta del prodigarsi verso il raggiungimento dei propri sogni, piuttosto che essere sconfitto sul nascere senza sapere il motivo per cui si sta lottando.

Togliamoci l'etichetta che ci siamo attaccati con le nostre mani, l'etichetta con su scritto *non valgo abbastanza!*

Esiste una malattia che manteniamo in salute, senza accorgerci che, come un diserbante, distrugge ogni impeto all'azione.

La patologia del *non valgo abbastanza* è davvero molto comune, profondamente contagiosa e si nasconde sotto l'educazione del doversi accontentare e del giusto e del non giusto e della falsa umiltà.

Ego distorto!

Quando ai bambini non gli si spiega il perché delle cose che non possono avere, congedandoli con frasi fatte come "L'erba voglio non cresce neanche nel giardino del re", si commette, inconsapevolmente, un grave danno: si condizionano i loro desideri.

Tutto questo ha origini molto antiche.

Popoli interi sono cresciuti alimentando, con l'idea del non valgo abbastanza, forme-pensiero che sono diventate dei veri e propri demoni (demone in greco significa distributore, ha il compito infatti di distribuire energia dolore).

Siamo stati cresciuti fin da piccini con il concetto di peccato originale che ci è stato affibbiato per qualcosa che non abbiamo nemmeno fatto!

Il risultato si respira nell'aria!

L'individuo non può desiderare; la donna dovrà partorire con dolore, e così milioni di donne dopo il secondo mese di gravidanza diventano delle malate!

Ma soprattutto è proibito sognare!

Sognare è una perdita di tempo!

Chi sogna di migliorare la propria vita è un illuso che porterà a casa solo polvere!

Bisogna avere i piedi ben piantati per terra e rendersi conto che la vita è dolore.

Quando ero alle scuole medie, spesso la mia insegnante diceva a mia madre che vivevo di fantasie e che non ero matura.

Essere matura: espressione che meglio si confà ad un reparto d'ortofrutta che ad una scolaresca di giovani anime che si affacciano alle novità della vita!

Questa cosa del diventare matura non l'ho mai capita allora da piccola, non capivo come avrei dovuto essere, e la capisco ancora meno oggi da adulta, quando incontro qualcuno dei miei tristi insegnanti, segnati dal tempo e da tutte quelle volte che hanno desiderato di essere da un'altra parte, rosicchiando del pane secco, in una situazione in cui a noi studenti era proibito mangiare.

Mi è chiaro ora che l'insegnamento dovrebbe essere un'arte per pochi destinati, e non un ripiego su cui collassa stancamente chi non è riuscito a realizzare i suoi sogni di professionista, inseguendo l'illusione del lavoro sicuro.

Erano loro, gli insegnanti, i primi a inseguire quei fallimenti, su modello-fotocopia li riproponevano a noi, ogni volta che ci scoraggiavano a rincorrere i nostri desideri, rafforzati da quella terribile frase che ci voleva maturi all'insuccesso e all'accontentarsi.

I ragazzi delle ultime generazioni sono cambiati, non si adattano alle istituzioni, ma tristemente cedono quando si scoprono nella necessità di doversi applicare nello studio di insegnamenti ormai scontati e per lo più inutili!

Il risultato? Una società fatta di giovani depressi!

Gli adolescenti sono tutti in crisi, nel malessere, a causa di una scuola che non offre informazioni ma noiose nozioni che non aiutano ad Essere ma a Sembrare.

I nuovi nati sono diversi.

I cuccioli dell'uomo si sono evoluti. Le strutture scolastiche e gli insegnamenti no!

Questi ultimi, insopportabili nuovi nati sono odiosi, non fanno la fila, non ascoltano, disobbedienti e sfacciati nel dire senza pudore quello che pensano!

A volte rimangono nella loro stanza per giorni evitando di rispondere ai genitori sul loro comportamento.

Una grande verità, caro confidente, è che lo farebbe chiunque, a condizione di averne il coraggio, specie quando sente di venire allevato ricevendo informazioni terribili, che non incoraggiano al bene.

I cuccioli d'uomo sono cambiati, alcuni illuminati insegnanti sono disposti a cambiare, le strutture scolastiche e chi le dirige, invece, ancora ostentano programmi poco funzionali, appoggiando metodi e modi poco stimolanti!

Per essere un bravissimo realizzatore di desideri è necessario porre attenzione ad alcune particolarità che limitano i desideri stessi, viziandoli nel presente, versando così un ingrediente nefasto sul loro manifestarsi.

La prima regola in assoluto è osservare al di là del velo del desiderando (ossia il desiderio in forma embrionale) riuscendo in questo modo a capire se le aspettative sono dell'io vero ossia rappresentano cose che vogliamo realmente, o se invece sono espressione della società o dell'ambiente in cui viviamo, dei nostri genitori, dei nostri amici e così via...

I desideri indotti si nascondono sotto falsi io voglio, ed è necessario smascherarli al più presto.

Le persone tendono a non desiderare i loro desideri, forse perché intimamente temono di essere sconfitte, nel vedere che il tempo passa e in assenza di un risultato, sia pur minimo.

Credo che il problema di fondo sia che, inconsciamente, le persone tendono a credere di non meritarsi niente o, peggio, che, secondo la legge della sfortuna, se a loro capiterà qualcosa sicuramente si tratterà di un evento spiacevole.

Come si sa, la tradizione popolare vuole che le cose belle accadano sempre agli altri!

Ma le cose spesso non sono esattamente come sembrano...

Nelle famose cartoline di "Lupo Alberto" per esempio, l'erba del vicino è sempre la più verde, fin quando non ci si accorge che è artificiale!

Io merito di godermi il meglio della vita, concedo all'esistenza di colmarmi di doni.

Pensi sia una frase scontata e banale, caro lettore?

Non lo è!

Forse è perché lo sembra, che è così poco usata!

Si diceva che le persone pensano di non meritarsi i miracoli e così questi non accadono, poiché noi attraiamo ciò che pensiamo! Bella fregatura non credi?!

Proprio per questo molti di noi si pongono obbiettivi stupidi o assurdi, così da non sentirsi sconfitti se poi non si realizzano.

Ma facendo così non si vivrà mai nel miracolo, si sopravvivrà nell' io mi accontento di quello che ho e del spero che un giorno le cose cambino, senza attrezzarsi per la propria vittoria personale, nell'adesso.

Poni attenzione ai tuoi bisogni, al tempo per te stesso. È fondamentale!

Questo non per fare ma, al contrario, per smettere di fare.

Prenditi il tempo per non fare niente, per riposare, meditare, pregare, chetare i pensieri e sorprendere la mente, mentre è là, che non sta pensando a niente!

Il silenzioso sospeso dei pensieri che s'accorgono di se stessi...

Concedi tempo al bagno giornaliero o settimanale, nella peggiore delle ipotesi!

Acquista per te con calma e cura, che quasi rasenti la meticolosità, oli essenziali rilassanti di ottima qualità. In essi è contenuta l'Essenza, l'Anima della pianta. Usa una manciata di amido di riso per non farli evaporare.

Gli oli essenziali purificano, donano nuove energie e portano nuove informazioni al tuo cervello attraverso l'olfatto e la corteccia cerebrale. Desidera questo momento.

Cerca spesso, con intenzione, questi attimi per te, desidera che tutte le resistenze e gli indurimenti del momento lascino il tuo corpo.

Accorgiti mentre lo fai...

Quando hai terminato, chiedi all'Universo, mentre l'acqua prende vorticosamente a girare nel sifone della vasca, che si prenda cura di questo elemento liquido, carico dei tuoi fardelli pesanti.

Se vuoi, potrai visualizzare il suo percorso, mentre ti rilassi sdraiato sul letto, coperto e ben caldo.

Offriti l'opportunità di osservare il fluire dell'acqua mentre si abbandona al mare, che coi suoi Sali, che sono un miracolo, purifica ciò che non ti serve più.

Prendere tempo per sé non significa essere o diventare pigro!

Anzi, questo prendersi tempo per stemperare il caos del momento servirà a partire con nuovo slancio e forti energie, tenaci negli intenti, con la giusta dose di audacia, per decidere quando e come realizzare e fare futuro.

In questa operazione si deve essere lucidi, ed il rito di purificazione con acqua e oli aiuterà.

La visione deve, a questo punto, essere chiara, e il tempo concesso per lo "smaltimento rifiuti" non sarà andato perso, ma servirà a trovare i giusti supporti e il giusto slancio per poter permettersi di osservare chi ci è amico e chi sta recitando la parte del nemico.

Non è importante chi reciterà ora l'una o l'altra parte, nella missione non è mai importante il mezzo, ma il fine, quindi dobbiamo diventare assai più elastici nelle nostre valutazioni del giusto e dello sbagliato e dei nostri conti in sospeso.

Sono solo parti da recitare nel teatro della vita, nulla di più. Accorgiamoci di questo, quando qualcuno ci fa qualcosa che a una prima impressione potremmo giudicare terribile.

Tutti noi siamo stati nell'ombra.

Ad ognuno di noi è capitato di venire trascinato in avvenimenti senza senso, o di aver sofferto per cose prive di importanza.

È sempre l'Ego la parte di noi che si offende. Che soffre.

Bisogna accorgersi che è solo una parte. Una parte distorta che non è Noi!

Se impariamo ad osservarla, essa soggiornerà meno nel nostro cuore e soffriremo sempre meno e per meno tempo.

Le cose che ci accadono ci limano, ci modellano e ci fanno cambiare nella reazione agli eventi-dolore.

Non permettere che siano le energie-dolore a essere te, impara a staccarti dal tuo male, impara a riconoscerti nella rete dell'energia-dolore. Sganciati e impara a non rimanere nell'emozione pesante.

Tu sei enorme, non sei l'avvenimento che ti è successo.

Impara a "dis-identificarti" da esso.

Tu non sei la tua rabbia.

Non sei il tuo dolore. Non sei il tuo senso dell'abbandono, il tuo rimorso, il tuo rimpianto. Tu non sei la tua patologia!

6. Male-Dire, Bene-Dire

Si è perso il vero significato della parola!

Il potere del Bene-Dire e il potere del Male-Dire.

Il problema è che si è perso il vero significato delle parole. Il senso del "Benedire" per esempio. Quante volte ci capita di dire falsi "buongiorno" dettati dalle regole sociali e davvero poco, se non per nulla, sentiti?

Quanti auguri davvero augurati pensi di aver donato?

Quante "buonanotte", intese come "Passa una buona notte, che ti ristori e concili i tuoi sogni" pensi di aver augurato?

Dobbiamo re-impadronirci delle parole! Del loro significato.

In questo modo benediciamo i nostri desideri.

Li programmiamo al successo!

Ah! l'importanza del benedire! L'intento, per esempio, è fondamentale.

Caricare un desiderio di energia-dolore è fin troppo facile! È necessario accorgersi!

Nella nostra epoca le parole hanno perso la loro natura, il loro antico potere, il potere intrinseco di cui sono state dotate nel momento del *Bereshith*, ossia della Creazione! La loro carica di potere!

E al loro posto cosa c'è? Qualcos'altro, che significa un'altra cosa!

Basta una persona e una parola. Basta poco per conferire loro un nuovo senso. Una usanza, una moda ed è fatta! Quel che se ne ricava è proprio questo: una storpiatura della realtà, che si sostituisce alla realtà stessa, divenendo una nuova realtà, una nuova credenza!

Basterebbe avere cura di controllare le parole che usiamo. Il senso con cui lo facciamo. Scomporle e valutarle in un nuovo modo. Scopriremmo un mondo infinito nascosto dentro ad una frase, per ogni singola parola.

E nel farlo, nello stupore, scopriremo la reale potenza, la reale funzione del valore dimenticato della parola.

Chi ha intenzione di realizzare ciò che desidera non può non arrivare a questa scoperta!

Da questa osservazione nasce un mondo, un universo che si crea nell'accorgersi!

Si tratta di un linguaggio segreto, che viene a rivelarsi a noi per la prima volta, come il delicato contenuto di un bocciolo di papavero.

Ed è sul serio come vedere le cose per la prima volta!

Ma per poter trovare il messaggio nascosto della parola bisogna vederci davvero e sentirci sul serio!

I bambini per esempio, loro non avrebbero di questi problemi. Mi spiego meglio, mettiamo, nel nostro gioco dell'accorgersi, dei colori:

"Che colore ha il cielo di notte?"

Un adulto risponderebbe nero, scuro o giù di lì!
Un bambino no, lui descriverebbe esattamente ciò che vede:
"Il cielo di notte è blu scuro!"

Se poi ci sono le stelle, il bambino aggiungerebbe:
"Il cielo di notte è blu scuro pieno di luci giallo-bianche!"

E se ci fossero dei nuvoloni di mal tempo direbbe:
"Il cielo di notte è blu scuro, pieno di luci giallo-bianche, con parti di grigio chiaro e scuro."

Loro, osservano!
Loro, ci vedono davvero!
Noi, ci limitiamo a guardare!

Ecco com'è una fragola:
"Rossa, con macchie rosa sfumato, con tanti forellini giallini e una foglia verde seghettata all'estremità del frutto."

Senti? Sembra quasi di addentarla la fragola!
Lì dove un adulto avrebbe risolto la questione con un solo aggettivo: rossa, il bambino "fa i raggi x" al frutto in questione.
Perché?
Perché per lui le parole contano, per lui sono importanti, come per il neo-patentato contano i cartelli stradali!
Si sa, per statistica, che chi ha la patente di fresco farà con meno facilità un incidente!
Perché?
Perché c'è!
Perché è presente nei gesti della guida e le cose le vede sul serio, non è che fintamente le guarda passare, mentre pensa che ultimamente sua moglie è insopportabile!

Quando una moglie tradisce, il marito è l'ultimo a saperlo! È un fatto assodato!
E sai perché?
Perché non si accorge!
Ormai la moglie, quell'uomo, non la vede più! Oh sì, certo che la guarda, ma non la vede! Se la vedesse, anche solo per un attimo, il marito scoprirebbe molte cose...

Scoprirebbe per esempio il mondo della moglie: il mondo mogliesco!
Ciò che ora le piace, forse non è più quello che le piaceva anni fa, quando era una fidanzata!
Al programma "fidanzata" si è sostituito il nuovo programma "moglie", un software difficile da gestire, molto più complesso, che esige perciò dedizione!

Se un giorno il marito "navigasse" un po' in quel "programma", apparentemente noioso e ingarbugliato, potrebbe scoprire nuovi tarli che potrebbero, a lungo andare, danneggiare la sua serenità...

Potrebbe scoprire che, qualche volta, il "programma moglie" esige nuovi "approcci didattici", aggiornamenti insomma!

Potrebbe accorgersi, questo marito, che il "programma moglie" non sempre è in grado di sostenere una grande mole di lavoro, senza una "de-frammentazione" che renda tutto più agibile!

Potrebbe ancora scoprire che questo "programma moglie" ha bisogno di nuovi input per funzionare.

Se solo se ne curasse potrebbe scoprire che il "programma moglie" è molto più dinamico di quel che mai avrebbe sospettato e che se non comincerà ad usarlo come si deve, si sarà costretti a portarlo a riparare!

Tutto sta nell'accorgersi, e l'armonia di coppia è un mistero alchemico, con caratteristiche ben precise da rispettare nella ricetta...

Spesso, i nostri desideri vengono abortiti sul nascere!

È grave! Gravissimo, perché così smettiamo di desiderare!

Significa ammalarsi un po' al giorno, avvelenarsi, arrendersi alla sopravvivenza!

Molto spesso le coppie si disgregano proprio per questo motivo: accade che le persone perdano di vista se stesse, e i loro desideri, quelli veri, quelli che fanno sentire di esistere e, nel farlo, perdono di vista anche l'altro!

Prima che ad accomunare una coppia sia rimasto solo il mutuo da pagare, accorgiamoci!

Non scambiamo la voglia di crescere per una malattia!

La moglie si lamenta col marito, solitamente sono le donne a lamentarsi! È l'occasione per accorgersi e decidere di ricominciare, di rimettersi in gioco e scoprire nuovi modi di essere insieme...

E invece sai cosa succede?

Il marito porta la moglie dallo psicologo, perché è depressa!
È depressa! Capisci?
Una persona che cerca armonia perché ritiene di averla persa è depressa!
Lei chiede solo di essere ascoltata dal suo compagno, dal suo uomo...
Chiede di essere guardata!
E il genio del male cosa pensa? Porta la moglie a "farsi far vedere" da un'altra persona!

Incredibile!
La moglie gli ha appena detto che lui non la guarda più, e lui che fa?
La porta da un altro che la guardi!
Persino un bambino, che ha appena capito che gli escrementi non si mangiano visto che il corpo li ha eliminati, può arrivare a comprendere la cosa!

La cosa si chiama Amore! Si chiama Comprensione! Si chiama Tolleranza e Pazienza e... voglia di Vivere la Vita!

Invece, invece il marito che fa?
Porta la moglie dall'esperto dell'amore che se ne occupi!
Così è a posto con se stesso, insomma ha trovato il miglior dottor Stranamore del paese, ed ora può tornare a progettare le vacanze di agosto anche se è ancora dicembre!
Vacanze che forse non farà, perché nel frattempo la moglie si sarà messa con il bravo psicologo, che tanto bene l'ha capita!

Spesso è così, perdiamo di vista la realtà, completamente presi nei ritmi frenetici del sopravvivere!

Ecco che con movimento naturale ci può accadere che scivoliamo anche noi nella "sindrome del marito", ed iniziamo a vivere in un mondo fatto di orari, di bollette da pagare, di scuse per il ritardo e di falsi "buon giorno", trascinandoci appresso un corpo, non più sano, per le stanze di casa.

E poi, impossibile tralasciare l'argomento casa:
Il regno dell'uomo, la sua casa!

Regno che, a ben vedere (sempre per chi inizia a farlo sul serio!) appare sempre più come una pseudo-prigione, imbottita di lussi ma non di amore, dotata di schermo gigante al plasma così da poter risparmiare i soldi per il biglietto del cinema!

Capisci che sta succedendo?
Capisci la gravità della cosa?

Siamo spenti!

Viviamo in una sorta di vita nella quale abbiamo, ad un certo momento del percorso, deciso che:
"No, non c'è più nulla da imparare!"
Abbiamo rapidamente inserito il pilota automatico e via, si va! Non c'è tempo da perdere!

Forse potremmo scoprire (e sarebbe demenziale!) che il nostro tostapane regge gli anni meglio di noi, e che per alcuni aspetti è pure più vivo di noi!

Persa la vita, cosa sarà mai la perdita del vero significato della parola! Ben poca cosa!

Eppure c'è tutta un'altra vita, dentro al sopravvivere che ci facciamo accadere!

Dentro alla routine, alla macchina acquistata a rate, dentro ai regali che ci si scambia solo nelle ricorrenze e nel posto che si occupa in chiesa la domenica di Pasqua c'è tanto, tanto di più…
Ma questo risulta essere un privilegio di chi se ne accorge!

Una domenica sono stata al Museo degli Eremitani e alla Cappella del Giotto, a Padova, la città in cui vivo.

E ho scoperto che, se la famiglia Scrovegni non fosse stata così avida, arricchitasi grazie all'usura e alla ristrettezza di spirito, probabilmente noi non avremmo mai avuto la Cappella del Giotto!

Questa chiesetta è un cofanetto prezioso, ciò che resta del complesso architettonico voluto dalla brama di potere degli Scrovegni e dalla loro volontà di apparire, agli occhi di Dio, persone degne della sua luce.

D'altronde il signor Dante, in quel suo noto libro, non mise di certo la famiglia Scrovegni nelle alte sfere paradisiache!

Fu grazie ai panni sporchi da lavare di questa ricchissima casata che venne voluta, progettata e creata la meraviglia che la Cappella del Giotto può offrire al mondo.

Questa potente famiglia padovana pensava di poter, grazie ad un'opera religiosa che parlasse della vita di Gesù tramite raffigurazioni di facile comprensione per tutti, mondare il proprio nome salvando così le anime di tutti i suoi componenti!

Ma più che la chiesetta, dono impagabile che si offriva alla mia ammirazione, mi rimase impresso un uomo: un uomo semplice, all'entrata delle sale multimediali del museo.

Scattò qualcosa tra noi!

Era il custode, che ci disse, con fare di consuetudine, che la visita virtuale della chiesa era possibile fino alle 22:00.

Ringraziai e provai compassione per quelle persone che lavoravano fino a tardi in un giorno in cui io, invece, mi rilassavo il cuore con l'arte.

Qualcosa allora cambiò, l'atteggiamento di quell'uomo verso di me cambiò. Era come se mi avesse guardata per la prima volta, come se solo in quell'istante avessi preso, per lui, ad esistere!

Subito, con l'entusiasmo di chi ama ciò che fa e ha tante cose da raccontare e tante scoperte da condividere, l'uomo del museo mi spiegò che nel film multimediale avrei potuto vedere degli affreschi e soprattutto notare dei particolari che la visita "dal vivo" non permette, per vari motivi, di cogliere.

Il custode prese a commentare le parti più nascoste, mettendosi al nostro servizio!

Faceva volteggiare il cursore del computer in dotazione, mostrando ingrandimenti e spiegandone i significati nascosti, meno consueti, con larga impronta propria.

Sentiti, davvero vissuti, questi segreti che si celano negli affreschi venivano ora a prendere vita solo per noi, per mezzo della sua mano e delle sue parole. Quel custode stava facendo accadere un evento!

Un lusso non richiesto al generoso universo!

Ci mostrò allora i codici dei disegni della cappella, quei particolari nascosti che non avremmo potuto notare, e il tutto con la purezza dell'infante!

A quel punto, non sapendo come ringraziarlo, non potei non commentare la sua maestria!

Ma quell'uomo, con l'ingenuo candore del saggio che sa che lo è, ma non lo ostenta, sollevò le spalle, facendo apparire piccola cosa quella performance.

Piena di amore per questi gesti dissi al custode che tutte le cose, grandi o piccole che siano, sono un'esclusiva per chi se ne accorge, che non sono per tutti... mentre lui si congedava con un sorrisetto compiaciuto.

Non lo dimenticherò, e credo che anche lui serberà il ricordo del nostro incontro.

Anche lui che, come tutte le cose più belle, era lì, al servizio di chi se ne accorge!

∞

Qualche volta mi capita di essere fraintesa.

Da quando mi sono accorta che ci hanno rubato la parola, ho iniziato a far caso alle parole che uso e all'effetto che queste sortiscono.

Così, quando entro in un locale, provo a salutare sul serio!

Dico: "Buon Giorno!"

Le persone si girano, per un attimo si destano...
Qualcuno che non conoscono ha detto loro: "Buon giorno!", in un modo... proprio come se lo volesse augurare sul serio!
"Ma chi è questa!?"
E prendono a pensare: "Che scarpe usa? Come sono i suoi vestiti, da dove verrà?...".

Per qualche minuto mentre faccio la fila al negozio, sento i loro sguardi che mi controllano, che mi indagano.
Pensare che ho solamente detto loro: "Buon Giorno!"
E mi dico: "Che bello! Le ho sprogrammate!"
E rido col cuore!
Ma dopo qualche minuto le persone, a poco a poco, si ricordano della loro necessità di sopravvivenza, ricordano le loro disgrazie...

Il loro programma le richiama all'ordine!
E il loro modo di pensare su come il mondo deve andare riprende il sopravvento.

Sono stata solo una meteora, nel cielo del loro esistere.
Un momento, un attimo, ma ci sono stata, ed è questo che conta!
Per un attimo le ho portate di qua!!!

Allora controllo il mio ego, mentre penso che, quando torneranno in quel negozio, si ricorderanno di me e del mio Buon Giorno e, per un momento, riavrò la loro attenzione, e il programma delle loro credenze sull'esistere avrà perso per un attimo la battaglia.

E allora penso: "Come posso aiutare più persone, come posso 'sprogrammare' più persone?"
"Come posso farle accorgere del programma?"

Ed è con questo intento che mi sono creata il mio mondo.

C'è tanta più bellezza e risata di quel che si vede!
La vita per chi inizia ad accorgersi cambia.
Qualche volta troppo, talmente tanto da avere attimi di scoraggiamento.
Allora penso: "Ora che so, non posso più fingere che non so! Beata ignoranza!"
Poi torno su di energia e mi dico: "Coraggio"!

Quando si inizia a vedere davvero accadono cose inimmaginabili, neppure mai sognate! È normale che facciano male gli occhi, non avevano mai guardato sul serio prima d'ora!

Ma non tutti sono pronti o disposti a liberarsi dalle proprie credenze, e forse è giusto così!

Il programma è quello che ti fa dire: "Auguri!" ai compleanni, senza sapere cosa stai dicendo; quello che ti fa andare al lavoro tutti i giorni alla stessa ora senza farti vedere cosa c'è dietro all'orologio, e al di là del solito tragitto per arrivare in ufficio; è il "programma credenze" che qualcuno ci ha creato con le sue, di credenze, convincendoci fin da piccoli che è verità.
Esso è vivo e presente e ci richiama all'ordine, dicendoci che è questo l'unico modo di essere.
Che il resto è illusione, o peggio fantascienza!

∞

Una volta insegnavo ad accorgersi alla gente semplice, quella che non sa che il nirvana non è un nuovo tipo di pizza, ma di sicuro sa quale sia il valore delle cose semplici.
Insegnavo ad accorgersi attraverso la radio, così, grazie a questo mezzo straordinario, potevo entrare nella cucina delle persone.
Chiedevo alle casalinghe che, quando cucinavano, non pensassero alle bollette da pagare, ai problemi di gestione della suocera inferma, al gatto diabetico al quale preparare un menù appropriato!

Insomma, sapevo che è davvero importante l'ecologia del pensiero, e pensavo che se facevo accorgere chi ogni giorno si occupa di preparare i pasti alle famiglie, potevo fare un gran lavoro di sprogrammazione.

Il cibo casalingo, cucinato con amore, prende un sapore completamente diverso da quello di produzione industriale. Questo è risaputo!
Ma perché questo accada sembra importare a pochi!

E qui entrano in gioco le signore forme-pensiero!

Se una persona ama cucinare, il risultato sarà garantito. In più se una persona ama cucinare per i suoi figli, pensando che è un modo di manifestare l'amore che prova per loro, il cibo viene ad assumere altro significato.
Il che è davvero interessante perché cambia il gusto, cambia l'energia bio-dinamica delle molecole!
Così, attraverso piccoli esperimenti, cercavo a modo mio di rendere la gente consapevole o sempre più consapevole dell'importanza dei propri pensieri e del potere delle proprie credenze.

Un esperimento semplice, che facevo fare ai bambini, grandi ricercatori ed osservatori, era quello del chicco di riso.

Chiedevo loro di prendere due vasetti, due etichette e del riso bollito.
Poi facevo mettere del riso bollito su ogni vasetto, un'etichetta su entrambi i contenitori e su di un vaso facevo scrivere a questi bambini la cosa che più li spaventava, mentre sull'altro contenitore facevo scrivere la cosa più piacevole.

Con meraviglia potevo osservare che le cose che spaventavano i bambini sono diverse da quelle che apparentemente spaventano gli adulti, anche se questi ultimi, con uno sforzo di riflessione, potrebbero accorgersi di nutrire le stesse paure di un bambino, perché l'essenza della paura è la stessa, non cambia con gli anni.

I vasetti dovevano essere conservati per un dato periodo.
Ogni 15-20 giorni chiedevo ai bimbi di osservare e annotare quello che vedevano. Colore, forma del contenuto... tutto era molto importante!

Fino alla fine non dicevo cosa avrebbero scoperto, chiedevo loro solo di guardare, osservare, scrivere.

Dopo qualche tempo chiedevo ai bambini di aprire i due vasetti.
Chiedevo di sentirne l'odore, di annotare ogni differenza tra i due vasetti.

Il risultato?
Eccezionale! Da provare!

I bambini scoprivano che nel vasetto col messaggio positivo il riso si era conservato meglio, i chicchi avevano formato in alcuni punti della muffa verde (un po' pelosetta – ci tenevano a puntualizzare) e l'odore era di fungo, cioè si era formata della nuova vita all'interno!
Inoltre, per tutto il periodo dell'osservazione, il vasetto col messaggio positivo sembrava aver rallentato il suo processo di decomposizione rispetto all'altro vasetto.

Il riso contenuto nel vasetto dal messaggio negativo si era imputridito, manifestando chicchi di riso neri. L'odore era di necrosi.
Il bene-dire, il male-dire funzionano!

Nei tempi addietro, i genitori usavano benedire la figlia (ossia, dicevano bene), che avevano accettato di concedere in matrimonio. Questa antica benedizione proteggeva la coppia attraverso il bene.

Il pensiero crea! Si creava così una forma-pensiero benevola molto potente che "a freccia" andava a colpire i novelli sposi.
Si creava così un mantello di luce che aveva due compiti di essenziale importanza: da un lato rendeva deboli le forme-pensiero dolore e le forme-pensiero pesanti, e dall'altro rafforzava il così detto

gruppo animico, cioè il gruppo originario di anime da dove ognuno di noi proviene.

Capisci com'era indispensabile essere nelle grazie del genitore?

Solitamente era importante lo facesse il padre, più che la madre, poiché in lui era riposta l'energia del cognome, lui era di questo testimone e rappresentante.

Ciò significa che nel genitore-padre vi era la benedizione di tutta una stirpe, la stirpe di cui lui portava il cognome.

Anche questo è molto interessante!

In India si benedice il viaggio, la scelta professionale del figlio.

Quando i genitori sono d'accordo, riguardo ad un progetto, lo fanno: benedicono il loro figlio ed il suo progetto.

Gli portano bene! Dicono bene di lui, del suo cammino, capisci?

Anche l'usanza di alzare i calici per brindare ad un intento è un potente rito, che ha in sé un enorme potere.

Benedicendo ciò che si sta per bere si produce una forma-pensiero più o meno potente, in base alla credenza del pensatore che, più crede in quel che fa, più crea una forma-pensiero forte.

Un nostro amico Lama ci ha spiegato che l'abitudine di alzare i calici e dire cin-cin è saggia. Cin-cin, in cinese, sta a significare l'augurio: salute!

L'atto del prete che, mentre celebra la messa, alza il calice, è un potentissimo rito, il rito dell'eucaristia.

Non ci si pensa!

La parola "eucaristia" o "eucarestia" proviene da una parola greca che significa "rendimento di Grazie" ed è il rito costituito da Gesù, la vigilia della sua morte, durante l'ultima cena.

Capisci?

Gesù che si preparava ad andarsene cosa fa?

Rende grazie!
Ringrazia con un rito dal moderno valore quantistico, che perpetuava ciò che egli aveva fatto.
Il suo potere, ed il suo lavoro, sarebbero esistiti per sempre, in tutti i tempi!

Nessuno, dopo questo rito, potrà più dimenticarlo e Gesù per sempre vivo (l'archetipo vivente), si manifesta in carne e ossa, con l'assunzione del "rendimento di Grazie", con l'assunzione dell'eucarestia!

Quanti di noi hanno chiaro questo concetto quando vanno a fare la comunione?

La comunione, altro termine interessante!

Analizziamolo!

Sai, ogni volta che noi ci accorgiamo di una parola e la analizziamo, la vediamo davvero, forse per la prima volta e quella parola, allora, diventa davvero nostra, ci appartiene sul serio!
Profondamente noi, poi, ne useremo il potere!

Allora, vediamole davvero entrambe, insieme: eucaristia e comunione.

Anticamente, ai tempi del paganesimo, si credeva (si credeva, capisci? Quindi grazie alla credenza ciò avveniva), che mangiando le interiora del nemico e bevendo il suo sangue si sarebbero assimilate le sue virtù e i suoi poteri.

Gesù quindi non ha fatto qualcosa di straordinario, chiedendo ai suoi discepoli di mangiare il suo corpo e di bere il suo sangue!
Nella comunione si realizza un atto di cannibalismo collettivo che trasmette l'essenza di Gesù che si fa Cristo, valicando i confini spazio-temporali.

Ecco perché si dice “fare la comunione”!

Dal significato originario di con-unione ossia creare un insieme. Un insieme con Gesù Cristo e con quello di cui lui si era accorto!

Nella Bibbia si leggono ammonimenti del tipo: “Quando una o più persone sono unite nel mio nome, lì ci sono Io!”.

Con-unione: in comunione!

Cominciamo a prendere possesso delle parole che usiamo, così facendo ne onoreremo meglio l’antico significato.
Gesù sapeva che era giunto il tempo di “cambiare mondo”, sapeva che ciò che poteva fare come uomo tra gli uomini era finito.

Prima di andare, pensò che trasmettendo i suoi poteri speciali ai con-fratelli (anche qui la parola con-fratelli acquisisce il suo significato più profondo), essi non sarebbero andati persi.
Così, nell’ultima cena, egli mostra come fare, con che intenzione, con che tipo di sentimento si può ricreare questa potenza, in che modo si deve porre l’attenzione, in maniera da perpetuare il sacrificio.

Originariamente, infatti, anche la parola sacrificio aveva un significato diverso, voleva dire rendere sacro, innalzare.

L’entità, la forma-pensiero di Gesù Cristo che si fa corpo e sangue per essere mangiato e bevuto diventa miracolo!
L’azione si perpetua a dismisura e Gesù, o meglio la sua vibrazione e i suoi poteri, sono a disposizione degli uomini, ogni volta che le persone se ne accorgono, con l’eucarestia!

È chiaro che le cose sono solo per chi se ne accorge!

L’Uno detto Dio ha reso possibile un Universo fatto di bellezza, eppure non di rado incontro persone alle quali devo trovare un motivo valido per cui svegliarsi l'indomani! Riscoprendo il valore delle cose, noi le rendiamo vive e potenti.

Abbiamo perso il senso del chiedere e del ringraziare. Ogni volta che chiedi, l'universo si organizza perché tu possa ricevere.

Ma noi pensiamo che nessuno ci senta! Siamo talmente abituati a non sentire che pensiamo di conseguenza che nessuno ci senta!

Non diversamente da chi ha la fobia che gli rubino le cose, quasi sempre è perché questo è il suo atteggiamento con il prossimo.

E se scoprissimo che niente di quello che pensiamo finisce con il semplice averlo pensato?

Che tutto, parole, opere, azioni, omissioni, tutto, ma proprio tutto ha un effetto sull'esistenza?

Forse, staremmo più attenti a ciò che diciamo. Forse sapremmo chiedere meglio.

E forse, ci accorgeremmo più spesso dell'abbondanza di cui godiamo: forse inizieremmo, nell'accorgerci, a ringraziare.

E ringrazieremmo non solo come atto di riconoscimento per ciò che ci accorgiamo di avere, ma per il piacere di farlo! Ringraziare, rendere grazie per favore accordato, o anche tornare nella grazia per essermi accorto che ho ricevuto, aumentare la grazia nei miei confronti...

Anche questo è interessante!

Le persone hanno perso di vista questi valori così potenti.

Ma chi sa come usare queste cose può farlo anche per non fare del bene.

∞

Vorrei ora spostassi la tua attenzione sulla frequenza del maledire, cioè del dire male.

Maledire letteralmente significa: colpire con condanna.

Ma se vado a consultare il dizionario alla voce colpire, lì c'è qualcosa che colpisce, non è vero che verba volant! È un pensiero che prende forma e che prendendo forma colpisce!

Come colpisce?

Nella benedizione colpisce nel bene e per il bene, nella maledizione colpisce nel male e per il male. Funziona!

Non c'è giudizio in questo. Funziona e basta!

Il pensiero, la mente che pensa di per sé non è male, come tutti gli oggetti che servono a qualcosa e cioè funzionano; la differenza sta nell'uso che se ne fa, così è fondamentale come viene condotta l'azione del pensare e questa deve essere una scelta dettata dalla nostra consapevolezza.

Ora ci sono i pensieri e ci sono le forme-pensiero, che abbiamo visto che funzionano, e sono forti!

Sai cosa accade quando una persona non ha una mente forte e concentrata in quel che fa?

Combina guai!

Perché combina guai?

Perché non è presente: è "sopra il pensiero", è soprappensiero!

Io sono del segno dei gemelli e so bene che cosa significhi essere soprappensiero.

Ti racconto queste cose perché ripetendo alla gente come si fa e come no, ho modo di ripassare un sacco!!!

Ora, quando noi smettiamo di essere presenti, non siamo completamente noi. In quel momento, quando non c'è nessuno in casa, quando la nostra mente è debole noi siamo attaccabili. Possono arrivarci i ladri!

Chi e cosa ci attacca?

Le forme-pensiero!

Perché lo fanno?

Perché noi possiamo diventare loro mezzi, strumenti nelle mani delle forme-pensiero negative che ci inducono a fare delle cose, a comprarne altre. Con la nostra attenzione su questi ammassi di energia pesante, noi garantiamo loro lunga vita!

Riesci a seguirmi ora? Non c'è da spaventarsi, questo accade continuamente!!!

Abbiamo detto che le cose funzionano nel bene e nel male, se non fosse così, non funzionerebbero affatto!

Le forme-pensiero funzionano! Sia che noi lo sappiamo, sia che noi lo ignoriamo.

Il coltello taglia… anche se io non voglio tagliarmi il dito!

Non è un cattivo coltello, siamo noi ad avere permesso questo dolore, l'abbiamo fatto agire attraverso la nostra azione inconsapevole.

Magari nel momento in cui il coltello affettava il mio dito e non il panino, ero sovra-pensiero, qualcosa sovrastava il mio pensiero!

Mi segui?

Capisci l'importanza di avere una mente ben salda?

Imparare a controllare la propria mente significa controllare i propri pensieri e chi sa ben controllare e amministrare la natura dei propri pensieri possiede se stesso!

Se si usa questo potere nel bene e per il bene, per la propria evoluzione, si produrranno molte meno forme-pensiero dolore, meno energie che si collegheranno con gli agglomerati di paura (detti egregore) che sono prodotti da tutta l'umanità che ha paura.

Chi conosce queste tecniche e le usa nel male con l'intenzione di imbrogliare o plagiare la mente altrui, otterrà il risultato!

Non è che solo perché tu non ci credi, sei protetto!

Questa non è una protezione sufficiente!

La mente più forte controlla quella più debole!

La persona per proteggersi può solo iniziare ad accorgersi, e con questo atto inizia ad essere davvero libera.

Riappropriati della tua parola, così facendo ti riapproprierai dei tuoi pensieri e della tua mente!

Riappropriati di te!

7. Vita-mine per l'anima

Ricorda: fai il pieno di carburante energetico con i Tuoi Desideri, evita il vampirismo energetico atto a prosciugare l'energia di chi realizza i propri.

I desideri aumentano l'energia individuale, quindi desidera pure tanto e poniti obbiettivi abbondanti, il mio motto è "a calar si fa sempre ora!".

Non essere tirchio con te stesso, ma soprattutto non fare gli sconti a Dio, che è abbondanza! Tramite l'amore troverai sempre buone domande per scovare ciò che desideri sul serio.

È necessario controllare la qualità dei sentimenti o loro controlleranno te!

Mantieni un cuore agile e pronto al cambiamento, chi è rigido si rompe.

Un interessante accorgersi è quello di muovere i propri sentimenti come fossero l'elemento acqua.

L'acqua rappresenta le emozioni, e in natura si può trovare in vari stati: solida, liquida o gassosa.

Se i tuoi sentimenti e il tuo stato emozionale sono ghiacciati e crei una fredda corazza per proteggerti dai rapporti con l'esterno non va per niente bene!

A rigor di logica, una persona che si crea una crisalide tutt'attorno pensa di essere protetta, ma è logica e l'amore è il netto contrario della logica!

Ti romperai, come l'acqua ghiacciata si frantuma se cade sul pavimento.

È necessaria la flessibilità.

Senz'altro migliore è la condizione di chi sceglie come atteggiamento il fluire dell'acqua fuggevole e trasparente di un torrente, solo che questo flusso è poco controllabile. Al primo disgelo gli argini possono rompersi non riuscendo più a contenere tutto questo impeto.

Questo scorrere zampillante ed entusiasta è l'atteggiamento tipico dell'adolescente nei confronti dei sentimenti, che ottimista e curioso sperimenta l'amore.

Vale quindi solo per il periodo d'argento di questa tenera età. C'è chi poi, preso dalla sindrome del perfetto Peter Pan, decide di non crescere mai, credendo che scappare dalle responsabilità tipiche del mondo che lui crede "dei grandi" sia la soluzione migliore.

Non è possibile saltare fasi fondamentali della crescita senza creare gravi patologie, nodi, che attendono di essere districati quando l'individuo è pronto.

Solitamente in questo processo, assolutamente fallimentare, nel quale la persona adulta porta ancora in giro il look dei sedici anni o giù di lì, ci si aggrappa al genitore, che viene investito in forma perenne, quasi fino alla morte, dell'arduo compito di far crescere chi ormai lo supera in statura, in forza, ma non in determinazione, coraggio e consapevolezza.

Sono così buffi gli adulti con questa sindrome del "non voler crescere", così fintamente spavaldi, sicuri di sé, quel che basta per farti credere che sono in grado di prendere decisioni per la loro vita...

Fin quando non scopri che la loro abitazione è una "piccionaia" in attesa della preda, tutta ordinata dalle cure prodigiose della mamma che sistema...

È facile smascherare questo genere di creature, basta aprire il loro frigorifero, ricco di vino e alcolici, snack vari e assolutamente privo di qualsiasi alimento che dia un valore nutritivo fondamentale.

Interessante poi lo studio del tipo di spazzatura che queste persone producono, rifiuti per lo più di "tipo secco", mentre è quasi del tutto assente la spazzatura di "tipo umido" prodotta da chi cucina per davvero.

Alla presenza di una o di più di una di queste caratteristiche, si ha a che fare con un potenziale malato della sindrome di Peter Pan, accompagnato dalla sua mamma che ha assunto il compito di perenne Grande Madre Nutrice!

Quindi, se si parla di sentimenti, neanche l'elemento acqua di torrente va bene, superata la fase adolescenziale infatti si deve pensare ad altri stati da sperimentare.

Fortemente sconsigliato è vivere i sentimenti come stagnante acqua di laghetto, è un atteggiamento non funzionale al benessere, poiché tutto ciò che non si muove ristagna.
I sentimenti decantati, oscuri, fangosi e torbidi dell'energia stagno producono tossine che neppure terapeuti del calibro di Jung potrebbero eliminare!

I sentimenti vissuti nello stato acqua di stagno producono terribili demoni che condizionano l'adesso e di conseguenza viziano il futuro con pesanti fardelli.

La forma ideale dei sentimenti, quando si paragonano all'acqua, è lo stato gassoso: leggeri come aria.

In ogni istante, anche se non si vede, l'acqua allo stato gassoso, l'aria, c'è, ed agisce nella sua potente, espansiva, totale, agile leggerezza.

Lei aleggia leggera e si modella sugli eventi.
Non li subisce, li permea!
L'acqua nella sua gassosità non oppone resistenza, accetta ciò che avviene e si modifica di conseguenza.

In questo, lei è vincente.

Sii vapore e muovi agile con le tue correnti d'intento i tuoi desideri, essi in questo modo arriveranno lontano, senza fatica e senza ferita.

Ricorda, ogni fase della tua crescita che non è vissuta, capita, riconosciuta, prima o poi torna e pretende gli interessi!

Comprendere i veri scalini evolutivi è necessario! Prendere coscienza che se le cose non vanno nella nostra vita è perché i desideri sono comunicati all'universo alla rinfusa, è fondamentale.

Il problema è che noi stessi, che dovremmo essere registi del desiderio, siamo sconnessi dalla nostra fonte, dal nostro profondo desiderio originario, e spaesati e confusi finiamo per realizzare solo il peggio, attirandoci tutta una serie di persone ed eventi per noi fallimentari.

Queste porte chiuse in faccia, in numero abbondante e con una certa pressante continuità, potrebbero finire per farci cadere in ginocchio.

In questo modo, finiremo col vedere gli altri come in gamba, esseri giganteschi lontani dai nostri miseri limiti, senza accorgerci che non sono loro ad essere alti, ma che siamo noi ad essere inginocchiati!

Questo atteggiamento scoraggiante, privo di ogni minimo accorgersi, ci renderà deboli. Di riflesso, sempre più debole diverrà il nostro desiderio di miglioramento che si trasformerà presto in energia distruttiva di rivalsa sul prossimo (che noi vediamo più in alto, e ciò ci dà fastidio!).

A causa di questo atteggiamento verrà a perdersi una preziosa opportunità di crescita, che sola poteva farci distinguere ciò che non vogliamo più nella nostra vita.

Il ruolo del vampiro della situazione è presto assunto: nessuno che si trovi in piedi rispetto a noi vorrà frequentarci se siamo stupidamente, ostinatamente in ginocchio!

Diventeremo sconvenientemente difficili da vivere, persino per i nostri migliori amici, attirandoci etichette e impersonando ruoli più simili a quelli del mondo degli "insetti parassiti" che al nostro.

Ma gli insetti ricoprono questo ruolo in piena consapevolezza, e per loro va bene. Per noi no! Noi, in questa fase, diveniamo odiosi vampiretti succhia-sangue, e presto o tardi ci gireranno intorno solo persone che vibrano alla nostra stessa, terribile frequenza! O, peggio, uccelli predatori un po' impigriti, che attenderanno solo un nostro cenno di necrosi per fare merenda!

Vitamine per l'Anima!

Vitamine per l'Anima caro lettore!

Vitamine, *mine vitali* per portarci su di energia con una esplosione di "non voglio più!" e di "voglio ora per me!" scanditi dalle coincidenze che ci guidano per bui sentieri. Coincidenze, i doni di un amorevole Universo, che funzionano solo se ce ne accorgiamo, altrimenti, come spesso accade, sono e restano privilegio di chi se ne accorge!

Non c'è nessuno... Davvero... Proprio nessuno che ci vuole perdenti! Nessuna divinità a cui pagare l'affitto per il corpo di cui ci ha dotato, nessun Dio odioso e crudele da dover imbrogliare perché non ce n'è per noi, e lui vuole parte di quel che non hai nemmeno per te!

È difficile da credere.

Ma è proprio così! L'Universo è solo Amore! Amore Universale e quindi non può volere il tuo male. Non se ne fa granché dei tuoi giuramenti, dei tuoi sacrifici e delle tue rinunce: Lui che è infinito!

È abbondanza ed è Dare, Dare, Dare senza nulla volere in cambio! Amore incondizionato!

Stupefacente!

Non credi?

Nessuno, proprio nessuno che ci attende dietro l'angolo per assalirci e svaligiare quella poca energia che rantolando si tiene per sé!

Prima prendiamo consapevolezza di questo, prima ci togliamo dalla memoria secoli di soprusi e di sacrifici spietati ed inutili, non voluti da Dio, ma semplicemente inventati dalla cattiveria dell'uomo, per manipolare chi osa staccarsi dai vincoli delle religioni.

Le religioni che non sono Dio, create da individui bassi e mediocri che per farsi obbedire si sono abbassati a far uso di questi astuti meccanismi di manipolazione dei popoli e della loro attenzione.

Sì perché chi ha la tua attenzione ha te!
Chi ha te, ti possiede, e se qualcuno ti ha, tu smetti di essere Tu!
Chi sceglie al posto tuo punizioni che tu stesso ti procuri, ti possiede!
E questo qualcuno non è certo Dio!
Accorgiti!

Un Dio che tutto può e che tutto ha, che se ne fa dei tuoi stenti?
Pensaci! Non può essere un Dio d'Amore che ti chiede questo!

A dire il vero la mia impressione è che a Lui non importi cosa fai, se sei contento tu, anche Lui lo è!

Qui, sulla terra, funziona la legge del Pago io!

Qualsiasi cosa fai va bene, tanto paghi tu!
Nel bene e nel male, sempre si attiva questa legge cosmica grazie alla quale ognuno di noi si addestra con una certa severità, per organizzare il proprio inferno ed il proprio campionario personale di patimenti.
In fondo, chi meglio di noi è in grado di farlo?

Dio non cerca il nostro male! Egli si limita ad osservare e nel nostro procedere lui si sente esistere. Egli è attraverso di noi!
Come noi, spesso si chiede perché la nostra esistenza sia così gravosa e difficile.

Cambia il panorama se capisci questo, caro confidente!
Il panorama importantissimo che è la tua esistenza, quindi il come guardi diventa fondamentale, perché Ne Va di Te!

Nel vero senso della parola, Ne Va di Te!
Il pago io funziona così!

Smettiamola di dare la colpa agli altri!

È tempo di una nuova consapevolezza, quella grazie alla quale ci si rende conto che il come sto dipende da Me!

Ne va di Me!

La nuova tecnologia non sarà quella fatta di navicelle a speciali getti superattivi che ci faranno fare una notevole bella figura davanti ai visitatori di altre galassie, ma sarà fatta di energia Tu!

Innamorati di Te!

Di ciò che puoi, della tua divinità mentre partecipi alla co-creazione degli eventi che fanno futuro!

Questo è il tempo della Nuova Era, dell'Età dell'Oro, della Nuova Atlantide.

Di nuovo c'è che ci è data la possibilità di fare un "salto quantico", di "diventare di più".

Di vecchio c'è che non è scontato che tutti noi andremo, in questo processo, a stare meglio. Tutto dipenderà dal come noi affronteremo questa sfida, nella sacra direzione del cosa. Se questa prova la faremo diventare un trampolino di lancio, o se la vivremo come un muro sul quale andarci a schiantare (e su questo tema, caro confidente, mi dilungherò nell'ultimo capitolo).

Come ad Atlantide, l'Ego delle persone potrebbe impedire il salto vibrazionale in una terra migliore.

L'Ego, che non sempre è visibile e non sempre è male.

Può accadere che qualche volta l'Ego si trasformi in "dovere" e così accade che non ci sembra male, anzi che è bene essere caritatevoli, buoni, bravi e gentili nel prendersi a carico il prossimo.

Attenzione!

È un processo pericoloso questo, che ci porta, in nome del dovere, a diventare maniglie sulle quali i nostri cari si attaccano, rimanendo così bloccati in condizione di dipendenza, assuefazione da noi!

Assumersi la responsabilità degli altri non è certo far loro un favore e tanto meno farlo a sé stessi!

Finché ci sarà chi fa per noi, noi non impareremo a fare!

Quando per esempio ci portano in un buon ristorante e non guidiamo noi, difficilmente ci capiterà di porre attenzione alla strada, e ancora più difficilmente riusciremo a tornarci da soli.

Fare le cose per il prossimo non è essere gentili, ma è rendere le persone dipendenti da noi.

Rendiamoci conto che in questo modo, prendendoci le responsabilità al "posto di...", non faremo un favore a nessuno!

E nemmeno ci farà entrare in paradiso, solo ci farà sentire buoni e caritatevoli, ma è Ego! Ego distorto!

Sentirsi in dovere di gestire la vita del nostro compagno o dei nostri figli è solo Ego, che ci dice:

"Oh! Sì che sono importante! Se non ci fossi io come finirebbe questa casa!".

Le persone hanno bisogno di attivarsi per se stesse.

Questo è tutto!

Noi ci siamo per tutto e per tutti fuorché per noi stessi.

Questo è reale!

E non è essere altruisti...

È essere egoisti!

Non dovremmo sentirci esistere attraverso quello che facciamo per qualcuno, ma attraverso ciò che facciamo per noi.

C'è tanto, davvero tanto bisogno di essere!

Il mondo ha bisogno di persone che sono!

Invece di guardare fuori di noi, dovremmo provare a chiederci:

"Chi sta essendo adesso?"

"No! Non posso lasciare il mio fidanzato, anche se sono arrivata al punto che mi risulta insopportabile persino come spreme il dentifricio, e no, certo che non gliene parlo! Lui ha bisogno di me, e..."

Sì, ha bisogno di te e del tuo non amore, della tua quotidiana sopportazione, perché al mondo non esiste nessuno che lo amerebbe al posto tuo! Sì certo!

No! Non lasciate il vostro lavoro che detestate! È un posto fisso, che dà garanzie. In fondo un lavoro vale un altro, no?

Certo che no, e qualcuno lo farebbe con più adeguatezza di voi, con più scrupolo e con maggiore attenzione… e con più gioia!

Chi non cambia quel che non va, inizia a morire un po' al giorno.
Chi cambia ciò che va perché non è più conveniente e non considera ciò di cui ha realmente bisogno muore, muore e si avvelena un po' al giorno.

Amariel dice che è necessario imparare a lasciar andare. Intestardendoci a tenere con ostinazione le cose che non ci appartengono più, noi soffriamo. Ma com'è noto noi esseri umani preferiamo un baule pieno d' immondizia che niente! Ecco di nuovo l'orrore della vacuità. In realtà è benedizione:

"Non devi temere il deserto cara.
Fa caldo e si deve viaggiare leggeri. Muoversi adagio verso nuove oasi.
Non si deve soffrire se i vecchi luoghi hanno esaurito le pozze d'acqua. Erano risorse, qualche volta accade.
Goditi invece questo momento magico: la magia dell'attimo prima dell'arrivo dell'innamorato, non ancora conosciuto, non ancora compreso. La magia dell'entrare in un vano, dove la vita umana mancava da millenni.
È magia!
La magia dell'istante prima di vedere il tuo bambino, uscire dal tuo ventre, nella dolorosa meraviglia."

Attraverso il ri-appropriarsi di se stessi, ed il viaggiare leggeri, daremmo tutti una grande lezione a chi ci sta intorno. Sarà molto meglio del farsi carico dei loro problemi, insegneremmo loro come si fa a fare da sé, insegneremmo loro ad essere sé stessi!

La nostra vita apparirà come una strada costellata di cartelli stradali sui quali potremmo scrivere: Stiamo lavorando per Noi!

È inutile, perfettamente inutile lamentarsi che la viabilità durante i lavori in corso è più lenta, che in qualche ora del giorno viene a mancare l'acqua, e che la segnaletica è irregolare...

Siamo esseri enormi! Vogliamo badare ai dettagli?

Siamo in un percorso meraviglioso e tutto è un dono, ogni cosa dentro e fuori di noi lo è, mangiamo cibo che si dona a noi ogni giorno e riusciamo ancora a lamentarci?!!!

Ego distorto!

Si sta verificando il salto quantico e tutti si lamentano di quanto tutto sia così difficile!

Vogliamo smetterla di farla difficile?!

È difficile perché noi la vediamo difficile!

Le cose sono solo cose!

Come le vediamo dipende da noi. Le vediamo difficili? Saranno difficili!

Non si può addossare al governo, alla politica, alle persone in genere, agli alieni, alle nuove generazioni un problema che è ciò che è perché noi, che lavoriamo per noi, lavoriamo male, da male a molto male! È ora di farla finita!

Come sto dipende da Me! Come stiamo dipende da Noi!

Non affidare il tuo destino a qualche ufo, a qualche entità ascesa o a chi per essa!

Ci viene chiesto semplicemente di Essere, e noi cosa diciamo?

"Sì, ma c'è Bush, e piove e il governo è ladro!"

Chi sta essendo adesso?

A chi stiamo dando la possibilità di essere adesso? Sì, perché se noi non siamo, non possiamo non essere, e ci sarà qualcuno o qualcosa che sarà al posto nostro!
Chi sta essendo adesso?

Chiediamocelo!
Chi sta essendo? Quale nostra patologia? Quale nostro demone? La rabbia?
È lei che sta essendo al posto nostro in questo momento di vita? È lei che spalma il nostro presente di nefandezze e condiziona il nostro domani destinandolo al peggio?

Oppure stanno essendo le decisioni che altri prendono ogni giorno al posto nostro?
Se una cosa per noi non ha valore perde la sua carica. È necessario portare l'attenzione su ciò che ha valore.

Un diamante ha valore perché glielo conferiamo noi, in realtà è più vitale, nell'arco del nostro esistere, una bella bistecca con l'osso, tagliata spessa, con sale e olio di oliva!

Noi non possiamo cambiare il mondo, è un'utopia pensare di cambiare questo nostro sistema.
Ma possiamo cambiare noi! Come? Realizzando l'Io, che è lo scopo per cui siamo nati.

Sta per cambiare il modo in cui noi possiamo fare destino.
Cerchiamo di essere noi stessi! Non permettiamo a niente e a nessuno di essere noi!
Non abbandoniamoci alle scelte imposte.
Non permettiamo a nessuno di intercedere per noi, nessun Dio o energia a cui abbandonarsi: responsabilizziamoci!

È difficile credere che sia questa la risoluzione migliore, che sia davvero funzionale che siamo noi ad occuparci di Noi. Nessun santo al quale votarsi. C'è da essere solo se stessi!

C'è una nuova energia che si può attivare, ed è quella del fai da te!
Funziona! È semplice!
Se è difficile è perché lo facciamo male. Se lo facciamo male non va bene.
Evitiamo di pensare lo so già, chi pensa che già sa, smette di imparare!

Evitiamo di chiedere se prima non abbiamo ringraziato.
Chi non rende grazie non si accorge nemmeno di quello che ha già!
Evitiamo di evitare ciò che ci spaventa, continuerà a spaventarci e spaventandoci ci possiederà!

C'è un nuovo modo di essere che va di moda, va di moda Essere!
C'è un nuovo tipo di eroe che funziona in questo periodo, l'Eroe che è importante per Se Stesso!
C'è da Essere!
Semplicemente!
Niente da fare!

C'è semplicemente da Essere!

Accorgiamoci, nella nostra quotidianità, di quando non ci siamo; se non hai il tuo tempo non sei, se qualcuno ha il tuo tempo possiede te!
E se ti accorgi già Sei a metà dell'opera!!!

8. Le valigie pesanti

Non possiamo avere successo se ci sono in memoria fatti o eventi sgradevoli che ci ricordano continuamente quando ci è andata male!

Per realizzare i desideri è necessario viaggiare leggeri.

Pochi bagagli di lo so già, questi influenzano il nuovo e il bello, con vecchi modi di essere e di imparare, che spesso non ti appartengono più e che andrebbero di certo a costruire nel tuo futuro cose che non desideri davvero.

Le persone credono che la felicità soggiorni nel loro futuro. Futuro che, proprio perché ha questo nome, non è mai nell'oggi. Così accade che proiettino le cose belle che devono accadere in un tempo che di fatto non esiste.

Le persone credono...

Le persone, e spero che tu non sia tra loro, caro lettore, credono che si debba andare da qualche parte. Che i loro desideri si realizzeranno quando avranno raggiunto una data situazione, un particolare momento della loro vita.

Intanto, così facendo, si perdono la parte migliore della vita. Si perdono il meglio! Come chi tiene il piatto preferito come ultima portata, quando ormai, appesantito dai cibi precedenti, non ha più attenzione e desiderio per gustarsi le forme, i profumi e le fragranze nelle diverse consistenze di un magnifico piatto che avrebbe giustamente apprezzato come prima portata.

È un rebus!

Neanche tanto, è come quella barzelletta assurda... com'è che fa?

C'erano una volta quattro persone chiamate Ognuno, Qualcuno, Ciascuno e Nessuno.

C'era un lavoro importante da fare e Ognuno era sicuro che Qualcuno l'avrebbe fatto.

Ciascuno avrebbe potuto farlo, ma Nessuno lo fece.

Qualcuno si arrabbiò perché era un lavoro di Ognuno.

Ognuno pensò che Ciascuno poteva farlo, ma Nessuno capì che Ognuno non l'avrebbe fatto.

Finì che Ognuno incolpò Qualcuno perché Nessuno fece ciò che Ciascuno avrebbe potuto fare.

Valigie pesanti!

È così, siamo abituati, siamo stati cresciuti con l'idea della felicità domani. Così succede che si pensa di dover andare da qualche parte, raggiungere un luogo: il momento dell'esaudirsi del desiderio di felicità.

Un meccanismo falso, ma soprattutto complesso che pregiudica la possibilità di riconoscerlo e di disinnescarlo.

Andare, andare, andare...

Un futuro da raggiungere dove soggiornano i desideri, desiderati da tempo... la felicità!

Non c'è nessun posto da raggiungere, è tutto molto mooolto più immediato e semplice, ma proprio perché è immediato, ma soprattutto semplice, non viene preso in considerazione come vero e reale!

Ci hanno sempre abituato all'idea del sacrificio per ottenere ciò che si desidera: idea che, per alcuni, dopo molti sforzi, ad un certo punto sortisce l'effetto. Sono queste convinzioni che ci portano a pensare che il tempo per se stessi si potrà vivere un giorno, quando, nell'età della pensione, si potrà finalmente pensare a "quella casa al mare", al viaggiare ed imparare, a suonare l'arpa!

Mettere in moto i talenti assopiti invece, è fonte di vita-mine, e di gioia di pronto consumo!

Accorgiamoci che questo è solo un ricco programma di proiezione nel futuro, di cose da volere un giorno, quando troveremo il coraggio di partire per contattare i nostri desideri, o quando l'età del dovere sarà conclusa.

Realmente c'è chi si trova ad un passo dalla tomba, prima di prendere una seria visione di questi atteggiamenti viziati, che ci portano al doversi accontentare e al percorrere spesso solo le vie della sopravvivenza e non del Vivere!

Quale tragica realtà! Non ce n'è per nessuno! Ci hanno da sempre insegnato questo metodo, il metodo del sacrificio e del dolore.

È normale quindi vivere nel domani e riservare per l'oggi solamente un altro scatto della cintura, nella via dello sfinimento!

Chi ci ha insegnato a tirare la cinghia non ci ama. Se non ci ama è perché ha una concezione dell'amore alquanto confusa e distorta, tramandata da generazioni ma assolutamente s-funzionante!

La verità, mio caro, è che ce l'hanno sempre raccontata!

Quello che desideriamo è qui! Proprio nell'epoca dell'ora! È solo da attivare! Ma già esiste! Perché l'Adesso è l'unico tempo che ti troverai a vivere in forma attiva, nel quale tu potrai cambiare la realtà e fare futuro e produrre passato!

I vecchi schemi che proiettano il tuo essere felice nel futuro non funzionano.

Altro importantissimo punto al quale si deve porre attenzione per realizzare ciò che desideri è non muoversi coi mezzi degli altri.

Per ognuno di noi funziona un diverso sistema.

Tenta sempre strade diverse.

Se non ti riesce di aprire la prima porta, prova la seconda, e se non sei bravo ad aprire porte, prova coi portoni!

Qualche volta l'Universo ci complica un po' la vita perché vuole vedere se è un desiderio che vogliamo davvero realizzare, ed è qui che la maggior parte delle persone si scoraggia e lascia perdere.

Siamo unici, ricordalo, e quello che funziona per me non funziona per te, e quello che funziona per te, funziona spesso solo per te! Non ti abbattere!

Piuttosto, allunga la lista degli obbiettivi da raggiungere!

Quando avremo esperienziato a sufficienza, ci renderemo conto che non c'è nessun luogo da raggiungere, che non c'è da essere che se stessi e che tutto ciò che ci serve è nelle nostre mani.

Ma nel frattempo: accorgiti!

Accorgiti!

Accorgiti!

Esperienza e storia ci faranno da maestre nel mondo dell'esistere.

Capisci più che puoi e gioisci per ciò che sei arrivato a capire, caro confidente, solo così la storia non si ripeterà più, solo così supererai i vari livelli dell'esistere.

È necessario mettersi al più presto nell'atteggiamento del cambiare idea e del fare tabula rasa di tutte quelle informazioni che potrebbero, in maniera più o meno consapevole, influenzare l'agilità del nostro cuore.

Spesso non è quello che non sai a tenerti bloccato mio caro, ma quello che ti ostini a pensare che sai già! Non ci si deve vergognare a cambiare idea! È sintomo di crescita, ma soprattutto di saggezza!

Ogni volta che c'è il lo so già incombe su di noi un grande pericolo, che va ad ostacolare l'evolversi in nuove e più dettagliate possibilità dell'Essere.

Ti sarà di certo capitato di rileggere un libro o di sentire con altre orecchie una vecchia scontata canzone, che d'un tratto non è più così vecchia e scontata e ci disserra le porte di mondi segreti.

Ricorda che senza chiave di lettura non c'è scoperta!

E senza partenza non c'è destinazione! E senza desiderio non c'è partenza! E senza l'accorgersi non c'è arrivo! E senza destinazione, non c'è la scoperta di ciò che avviene via via. E senza la scoperta dell'accorgersi di quel che accade strada facendo, non c'è *Chiave di Lettura.*

Ricorda che non c'è mai ricerca senza scoperta, e che se non la vedi non è perché non c'è.

E che vedere, è solo l'inizio!

La chiave di lettura è la seguente: ogni volta che cresciamo anche ciò che è intorno a noi cresce e si evolve, offrendo nuovi perché, e altre ambiziose domande si sviluppano pronte alla ricerca della risposta.

Questo non avviene se si pensa di sapere già, di avere già sentito, di avere già capito e già letto.

Quante occasioni si possono perdere pensando che già siamo!

Riconoscerlo aiuta a controllare l'Ego e a tenerlo al giusto posto, cioè accanto alla nostra spalla, ben controllabile ed in vista.

Se l'Ego è troppo avanti a noi, non ci è possibile entrare facilmente in azione e tenerlo a bada.

Questo Ego distorto, troppo superiore alla effettiva crescita che in questo momento abbiamo raggiunto, è dannoso, crea false aspettative nei confronti di se stessi e degli altri.

È bene quindi mantenerlo accanto alla nostra spalla.

Nel caso invece in cui l'Ego sia dietro di noi, si tende a sottostimarsi.

La posizione perfetta per l'Ego è quella dell'angelo custode, vicino e al nostro fianco.

Un Ego distorto può procurare grossi danni; la ricerca della verità accompagnata da un Ego di questo tipo può portare ad un rallentamento e ad una introduzione di file errati che influenzeranno non poco la capacità di visione globale e che andranno ad intaccare quell'armonia interiore che risulta necessaria nel perseguimento di un buon sentire.

Ricordiamoci che noi vediamo e capiamo solo ciò che siamo in grado di vedere e di comprendere.

Diventa assolutamente necessario liberarsi delle false convinzioni, imparando ad osservarle per poi lasciarle andare.

Questo appare difficile, ma è possibile salire questo enorme scalino nella scala dell'evoluzione semplicemente liberandosi delle valigie pesanti, ricominciando da capo con nuove possibilità.

In edilizia risulta più facile e più veloce creare una casa ex novo, che ristrutturare una già preesistente.

Certo rimane un po' il senso di vuoto nel viaggiare leggeri. È strano ma l'inconscio teme di lasciare ciò che sa già per andare incontro a ciò che non conosce.

C'è poi l'ostacolo rappresentato dall'Ego ferito, che non fa i salti di gioia a sentirsi dire che quello che sa non serve più, che è molto più agevolato chi parte da zero, libero da costruzioni mentali, rispetto a lui e ai suoi archivi pieni di ho già imparato.

"Come non ho capito?!! Con tutti i corsi di consapevolezza che ho seguito!!!" – ribatte stizzito.

Sono tutti strappi rammendabili, se si pensa a come ci staranno bene i nuovi vestiti e a come saremo contenti del cammino già percorso, grazie al quale potremo raccogliere buoni frutti nell'adesso!

"Il Regno di Dio è dei semplici."
"Lasciate che i bambini vengano a me."
"Sarà più facile che un cammello passi nella cruna di un ago, che un ricco entri nel Regno di Dio."

Gesù Cristo

La chiave di lettura resta la semplicità e la leggerezza. Ecco perché se si è liberi da atteggiamenti, insegnamenti e contratture del passato, se cioè non si sa niente come i bambini, si potrà avere accesso al Regno del già da sempre esistito.

Finché ci si mantiene ricchi di costruzioni mentali e di lo so già non ci può essere la meraviglia della scoperta! È più facile che passi un cammello nella cruna di un ago!

Sarà semplice l'accesso alla conoscenza, se si viaggerà con valigie leggere! Quindi porta solo l'indispensabile!

Qualche mese fa, il mio spirito guida mi chiedeva di viaggiare leggera e di purificarmi. Dopo un evento doloroso questo è necessario come nutrirsi.

"Che possa la pioggia colmare il tuo spirito.
Permetti ora l'ingresso del nuovo. Questo fenomeno dovrà avvenire attraverso la purificazione con l'acqua.

Lascia che le nuove acque ti risanino: riposa e abbandonati a queste acque leggere.

Il nuovo è ora in arrivo, tranquilla. Gioca!

Sostituisci il fango che il tuo corpo contratto dal dolore ora contiene, con l'acqua. Idrata spirito, corpo e mente che si sono inariditi.

Fai entrare la nuova acqua nei luoghi dove vivi e curati di frequentare solo persone che ti fanno bene.

Allontana ciò che non è più nella tua nuova vibrazione. Non è ego, è necessario!

Risana, bonifica, nutri le tue nuove terre.

Nel farlo, onora ciò che ti ha portato fino a qui.

Era solo una sfumatura dell'amore! Era una meravigliosa galassia.

Se tornerà a stellare per te sarà bello.

Se non tornerà nel tuo emisfero, va bene. Avrai assistito al nascere di nuove stelle!

Onora il tuo dolore.

Al tempo stesso soffermati, ascoltati. Riconosci quando è il tempo di fermarsi a purificare le tue terre.

Apri i tuoi sigilli e dai aria a quegli scrigni che fanno tanta fatica a rimanere serrati. Se tu offri la tua energia ora, non verrai derubata.

Viene derubato chi non dà, non chi liberamente si dona. Nessuno ti ha rubato niente. Era solo una sfumatura dell'amore!

Ora colma i tuoi cofanetti, i tuoi bauli, di pulito e di nuovo: ti servirà per le nuove avventure che l'Uno vorrà mandarti.

Ri-sintonizzati con le frequenze dell'anima."

Tutta questa serissima faccenda dell'evoluzione, della ricerca della verità e dell'accorgersi dell'esistenza, come misura per sentire che esistiamo, va presa con una certa leggerezza.

Non c'è nessuna maratona a premi, nella scuola della crescita spirituale, non si può copiare dal compagno di banco, non c'è nessun giudice pronto a condannare e nessun insegnante che vuole la tua bocciatura! Nessun posto dove andare, nessun libro fondamentale da leggere, nessun santone speciale da dover diventare. C'è soltanto da Essere.

Prendiamoci il tempo che serve, se c'è una cosa che abbiamo in abbondanza è proprio il tempo.

In realtà pensiamo che no, non se ne ha mai a sufficienza: "… Non c'è tempo! Presto sono in ritardo!" e "No, non posso venire, magari ne trovassi il tempo!"

Scuse! Ce la stiamo semplicemente raccontando! Certe volte siamo particolarmente convincenti!

La faccenda del tempo è molto interessante.

È da "pochissimo tempo" in effetti che mi sono "dedicata il tempo" per accorgermi di questa cosa, della "mancanza del tempo"!

Ero dal benzinaio.

Il mio benzinaio è una creatura molto poco scontata. È davvero alternativo e non sembra granché spirituale. Invece, in un pomeriggio piuttosto afoso, mi sorprende con una frase del tipo: "Abbiamo più tempo che vita!".

"Mi sconvolgo sul nascere" e non riesco più a rispondergli.

Pago il rifornimento pensando che quello di cui mi ha appena fatto accorgere non ha prezzo!

Ma con cosa è collegato quest'uomo, che sembra s-connesso dal mondo intero?!

Mistero!

Quel che è certo è che quella frase "mi ha risuonato" eccome! E ogni volta che sto per dire: "Non ho tempo" o "Non riesco a venire", osservo perché questo accade.

A quale altra cosa ho concesso il mio tempo? Qual è stata la mia priorità?

Perché tutti noi diamo un ordine gerarchico alle nostre occupazioni e ai nostri interessi, concedendo così in misura diversa la nostra attenzione.

Non è quindi un problema di tempo, ma di priorità!

Chi ti paga ha il tuo tempo.

Chi ti comanda ha il tuo tempo, quindi possiede te.

Fa' in modo che a comandare te ci sia proprio tu, sarai in questo modo padrone del tempo e di te allo stesso tempo! Mmmh! Che strepitoso gioco di parole!

Ma naturalmente il tutto si basa sull'accorgersi!

Se avessi lesinato la mia attenzione per il fatto che il benzinaio, nella scala evolutiva della spiritualità, non mi pareva il Gran Maestro, non mi sarei presa il "premio speciale alla regia", nella conduzione del film della mia vita!

Mio padre afferma che tutti hanno qualcosa da insegnare, qualsiasi posizione occupino nella società. Mi fu chiaro in quel giorno, in cui dal nulla dei discorsi scontati uscì quella frase, che fece suonare tutti i miei campanelli.

Abbiamo più Tempo che Vita!

A volte le valigie sono particolarmente vecchie e pesanti.

Si tratta di programmi installati in altre nostre vite, anche tanto lontane, ma capaci di gravare pesantemente sul tempo dell'oggi e dunque sul nostro futuro, caro confidente.

Esistono infatti patti lontani che ritornano nella vita attuale, che reclamano la loro appartenenza alle circostanze, promesse che non rammentiamo ma che celatamente agiscono in una quotidianità che ci diventa perciò incomprensibile.

Se non vengono scovate e sciolte, queste promesse ci impediranno di muoverci con leggerezza nella direzione del progetto originale dell'anima.

Questi cappotti di lana in pieno agosto devono essere smessi per adeguarci alla nuova stagione che si va a vivere, peccato che non sia sempre facile capire che li si sta indossando!

Accade così, e con una certa frequenza, che non riusciamo a liberarci da relazioni ormai stantie, da amici che, magari saltuariamente, si comportano in modo strano con noi, da eventi e situazioni che si ripetono modello-fotocopia, nei secoli dei secoli.

Accorgersi da soli di questi pesanti fardelli non è semplice, anche se spesso l'inconscio, che è intelligente, cerca, in collaborazione con l'anima, di farci accorgere.

È con la crisi che spesso il gruppo di appartenenza animico ci comunica la necessità di liberarci. A volte muovendo le coincidenze, le sincronicità...

A volte sono le stesse persone con le quali abbiamo il legame karmico a farci accorgere e sovente ciò accade senza che esse ne siano coscienti.

È un grande favore karmico quando l'anima ci inizia a scuotere con la crisi, per indurci a perseguire la libertà.

Molte volte, nel percorso di accompagnamento delle persone che si rivolgono a me, rendo agibile questo accorgersi.

Anche se non è mai piacevole, è tuttavia davvero consigliato, giunti ad un certo punto del cammino evolutivo e volendo evitare di perdere tempo, addentrarsi nel mondo degli insoluti karmici.

Attraverso la lettura dell'aura, o grazie alle regressioni, si possono scoprire molte cose. Alcune susciteranno certo stupore e talvolta incredulità, ma alla fine suoneranno inevitabilmente autentiche agli orecchi di chi si accorge.

Rintracciato l'evento, con particolari tecniche si va a riprogrammarci per poter accogliere il nuovo, cambiando l'abito s-funzionale con vesti più adatte.

Questo avviene attraverso tecniche di accettazione, poiché con il perdono non si può ottenere lo sganciamento dell'evento. È necessaria un'energia propulsiva più potente che è proprio quella che si genera dal comprendere che quello che ci è successo era comunque finalizzato alla crescita, che è stata proprio l'anima a volerlo, a chiederlo e a metterlo in scena in collaborazione con gli altri protagonisti della storia.

Queste reminiscenze karmiche non sono male, non sono bene, esse sono sempre a noi funzionali, ma nella nuova esperienza che si va a vivere devono essere lasciate andare, capite e archiviate, o vizieranno di vecchi modi il nuovo esistere.

E in quest'ultimo caso non si potranno concretizzare i nuovi progetti o realizzare eventi diversi da quelli che la memoria remota condiziona.

Gli obbiettivi che ci prefiggiamo sfumeranno miseramente e con dolore.

Dobbiamo renderci conto che siamo noi a tenere in piedi queste prigioni, anzi di più, che esse esistono solo dinanzi ai nostri occhi, e che hanno i cancelli aperti.

Ma per vedere queste vie di fuga serve l'accorgersi!

Occorre trovare chi ci può aiutare, ma spesso, quando siamo pronti a liberarci, arrivano i soccorsi. Ciò che devi sapere, caro confidente, è che mai, mai siamo lasciati soli o inascoltati.

L'universo ci manda spontaneamente molti aiuti e, quando iniziamo a chiederli, essi arrivano abbondanti e tutto cambia.

La vita inizia allora a prevedere nuove possibilità e prendono forma soluzioni inimmaginabili anche per un fumettista!

Basta saper credere e si inizierà a vedere: *credendo vides!*

Per vedere bisogna credere.

Vedere il nuovo ci libera dal vecchio programma e si inizia a scoprire le matrici che ci influenzano.

I cabalisti dicono che il mondo vero è di colore rosa. Rosa sono le lenti con cui percepiscono il mondo gli innamorati. Rosa sembra essere il vero mondo. Quando riusciremo a vivere ogni giorno con gli occhi degli innamorati, cadranno le illusioni e nuovi modi di esistere inizieranno ad appartenerci. Attrezziamoci!

9. Il metodo

La vera perfezione dell'uomo
non sta in ciò che l'uomo ha, ma in ciò che l'uomo è.
Oscar Wilde

Ricorda di non mettere mai le radici sui tuoi successi, continua a crescere, l'unico limite al miracolo sei tu e l'unico limite delle cose è quello che tu attribuisci alle cose stesse!

L'universo è infinito e abbondante.
Egli non capisce il mi accontento, vede solo il grande ed il grandissimo, e per esaudire i propri desideri si deve conoscere il linguaggio dell'universo.

La nostra tradizione culturale ci ha sempre abituato al doversi accontentare, all'io spero e non all'io voglio.

Questa forma di limitazione arginerà con spesse mura anche la possibilità di attrarre a te ciò che desideri.

Il "mi accontenterei di..." cambierà il linguaggio del desiderio, e andrai così, senza saperlo, ad utilizzare una lingua incomprensibile per l'esistenza che è grande e potente e abbondante e, lo ripeto, non capisce il mi accontento.

Il risultato non può esserci.

Pensa, è come se ti trovassi in un paese straniero e avessi fame: incontri per strada una famiglia che parla un'altra lingua, la lingua del villaggio dove vive, diversa dalla tua.

Finché ti ostinerai a parlare una lingua per questa gente incomprensibile, non otterrai nulla.
Devi parlare il linguaggio del luogo dove ti trovi, se vuoi che le persone ti capiscano.

Ad impedire questo slancio di sano egoismo ci stanno le abitudini del doversi accontentare che, se presto riconosciute, possono venire rimosse con una sostanziosa aggiunta di desideri semi-impossibili alla tua attuale lista dei desideri! Paradossale ma assolutamente funzionale!

Questo ti servirà a prendere coraggio, ad alzare la tua energia individuale e a non aver paura di osare.

Nel processo di crescita individuale, vedrai cambiare, in armonia con la tua evoluzione, anche i tuoi desideri.
Sarà bello vedersi liberare dai vecchi programmi, come da ingombranti abiti invernali finalmente smessi e sostituiti dalle vesti leggere dell'estate!
Concentriamoci su ciò che già si ha, e non sulla mancanza di quello che ancora non c'è.
Finché continuiamo a vedere il bicchiere mezzo vuoto, non riusciremo mai a notare l'abbondanza che lo stesso bicchiere non è in grado di contenere, cioè tutto il resto del mondo, compreso il vetro e la parte rimasta vuota.

Il metodo consiste nel muoversi come fa l'acqua con gli ostacoli.
Quando ce ne dimentichiamo, poniamo resistenza al cambiamento e questo non è funzionale. L'adattarsi non è essere in gamba, il metodo funzionale è l'accettazione.

Attraverso l'accettazione noi non soffriamo più, e attiriamo sempre il meglio per noi. Accettare le sinuosità del letto del fiume non è adattarsi. L'acqua non si adatta mai, lei sa dove vuole andare e nelle impervie rapide trova di che divertirsi.

In questo modo risulta vincente e non si infrange, niente può realmente ferirla, si fa attraversare dalle cose che lei fa sue, nel suo fluire.

Lei, l'acqua, si arrende al desiderio dell'anima: diventare mare!
Nessun ricordo del passato può distoglierla dal suo obbiettivo e aumenta la sua forza a mano a mano che avanza.

Una notte, ispirata, sentii di dovermi alzare.
Un messaggio per me:

"La serena visione delle cose non ha nessun movente; come si sviluppa riguarda l'oscuro."

Poco da dire, era incomprensibile per la mia consapevolezza di allora. Messaggio interessante, non ancora del tutto compreso, ma forse sfumatamente intuito, posso ora commentare:

Se ci muoviamo con serenità nella comprensione che ogni avvenimento è esattamente quello di cui abbiamo bisogno, tutto fila.
Non è né bene né male, nessun movente.
È come noi lo sviluppiamo, e con quale lente lo osserviamo, che può farlo diventare disfunzionale al progetto originario.
Per l'anima va bene, perché impara più cose, ma per l'individuo è l'ennesimo dolore, l'ulteriore nodo da sciogliere.
In questo modo condensiamo la nostra energia come dentro ad un conchiglia ricurva su se stessa, e andiamo incontro all'autodistruzione.
L'energia donataci per proseguire il cammino viene così usata per appiattirci alla condensa. Per eccesso di risorse inutilizzate.

Risulta chiaro che il metodo diventa fondamentale, ed è necessario organizzarsi velocemente.

Il metodo: l'accettazione!

Un agosto di qualche anno fa, conversando con le mie guide spirituali, mi sono accorta che anche quello che risulta capito, se non viene continuamente richiamato alla memoria va a cadere nel dimenticatoio delle abitudini e della routine. Pazientemente, con quell'amore che solo loro sanno muovere, mi spiegarono cose che oramai avrei dovuto insegnare io agli altri, considerate tutte le volte che mi erano già state dette!

Oggi, ricordando con te queste lezioni di saggezza, mi faccio il mio quotidiano nodo al fazzoletto!

"Stai riassestando un nuovo ritmo.

Questo ti disturba, poiché una parte di te lo accetta, l'altra lo rifiuta, trattenendo così il vecchio, l'obsoleto, e ti farai tanto male. La parte più alta di te lo desidera disperatamente. Con tutta se stessa.

Si crea così in te uno sbilanciamento.

L'uomo teme il disequilibrio, poiché l'anima del mondo, in connessione con quella di ogni singolo soggetto, anela all'equilibrio cosmico.

Il cuore con le sue vibrazioni si concentra tutto per cambiare cose che l'intelletto trattiene, attraverso il sistema della mente. L'intelletto e le sue regole, s-funzionanti, quando si parla di anima!

Perdi così spesso di vista l'adesso, tutta protratta in quel domani dove dovrebbe soggiornare l'equilibrio che il tuo cuore brama subito.

L'adesso è l'unica cosa certa che davvero ti appartiene.

Lascia andare, canta la tua stagione, non quelle che verranno, quella che già è!

Non quella che ancora non ti appartiene, né quella che hai perso poiché è già stata.

Molte sono in realtà le cose che ti disturbano, ma è un problema d'ascolto!

Proiettandoti ora nello slancio verso il domani rischi di creare una notevole spaccatura nell'altra parte di te, quella che rimane ancorata al passato.

È nel presente, dove dovresti stare bene. Invece sai nel presente cosa c'è? Il dolore del tuo corpo fisico, che non accetta il processo, ma combatte il tuo combattere, col rifiuto.

Ti romperai!

In questa maniera lottate in due, ed il disagio è raddoppiato!

Il fatto poi che passi periodi a mangiare e altri a digiunare, non va bene. Anche questo è un sintomo che mostra il tuo disagio. Vuoi attirare l'attenzione ed ottenere così amore. Ma non è così che funziona, non è mica amore questo! Né quello che pensi di dare, s-regolando il tuo corpo, né quello che riceverai con l'atteggiamento della preoccupazione.

Bel mix di emozioni, per sperimentare sensazioni che cerchi al di fuori di te, per chetare il tuo stato di mancanza.

Stai perdendo il tuo tempo!

Hai creato un disimpegno, lì dove c'era così tanto da impegnare...

È con la pienezza fisica di cibo e di cose che l'essere umano cerca di compensare la mancanza, che invece è disagio impalpabile dell'anima.

Accorgiti!

Questa pienezza densa non farà che alimentare la 'vuotezza' del tuo cuore!

Quel vuoto in cui c'è il caos dell'abbondanza di cose inutili e stantie.

No, non è così che si fa!

Non appendere le tende alle finestre di questa stanza-dolore! Perdi il tuo tempo!

Occupalo ora, per raccogliere le tue idee, e metti in moto le 'tue pienezze', non le tue mancanze.

Attingi al serbatoio di energia-dolore per convertirla, con la bobina del cuore, in voglia di volercela fare!

Sai che avresti una via facile, comoda, ma sai che significherebbe per te tornare indietro, non sui tuoi passi, ma indietro nel processo di evoluzione!

E allora vedi che hai già fatto la tua scelta? Nel non scegliere, rimanendo qui impalata, tu hai scelto.

È molto, renditi conto. Ma ora schiodati!

Stai ammassando vecchi legni, quando intorno a te c'è da costruire dimore!

Ci vuoi credere nel progetto 'Tu' o no?!!!

Deciditi ad essere decisa almeno su ciò che non vuoi più. Anche questo è molto.

Accetta il cambiamento, è l'unico, il solo mezzo per uscire dal pozzo buio in cui pensi di trovarti e che è un limbo sostenuto dall'energia-dolore di tanta gente.

Quando tu respiri l'aria di queste stanze, le tue carni si intossicano di veleno. Emani così, a tua volta, quell'energia sconveniente che allontanerà rapidamente chi viene a portarti luce.

In questi luoghi non c'è niente per te, solo distruzione e mortificazione, alimentate da tutte le persone che, come te, sono cieche alla resa.

Arrendersi all'accettazione. Il metodo!

Fai fluire queste energie fuori dal tuo contenitore fisico, verrà così liberata l'anima e le sue tenebre, e tu ti sentirai più agile nel trovare la via che porta alla soluzione.

L'acqua ti aiuterà, bevi!

L'acqua ti libererà da tutte quelle forme-pensiero parassite, che attirano persone con i medesimi ospiti.

Ogni porta, porta da qualche parte!

Anche quando apre su di un muro! Ma ora che hai visto che cosa c'è dietro quella porta, sarebbe inutile finirci addosso, non credi?

Niente porta a niente, solo realizza quanto ti sta costando.

Fai un piccolo bilancio.

Serve a mettere in ordine i debiti e i crediti del momento, e a preparare le economie per i nuovi progetti."

Analisi notturne molto interessanti.

Spesso analizzo i miei sogni.

D'abitudine, appena alzate, io e mia figlia ci raccontiamo i sogni. Un buon metodo per osservare il contenuto dell'inconscio.

Una mattina chiesi consiglio ad Amariel riguardo a un sogno appena sognato, che già disturbava il mio equilibrio. La mia guida mi offrì, come al solito, nutrienti punti di vista sul mio modo di avanzare nella vita.

Riporto qui di seguito:

"Quanto siete forti!

Se concentraste nel progetto dell'anima tutta l'energia che utilizzate per farvi fuori!

Che velocità!

Spesso si pensa che si debba andare per stadi per ottenere un risultato. Così vi auto-boicottate quando state per raggiungerlo, perché funziona così per le masse, alimentate da generazioni di credenze che vogliono i risultati col sudore della fronte e non tramite l'accettazione, la resa del cuore!

Che potenza in questo!

Queste vostre credenze vanno riviste almeno un po', siete così severi con voi stessi!

Quanti incidenti di percorso voluti, a discapito della troppa grandezza che cominciava, piano piano, ad emergere.

Solo il profilarsi dell'ombra di ciò che potreste diventare, questa strana maestosità, vi porta al filtro paura.

Paura di essere ciò per cui siete nati.

Rifletti! Vuoi punirti!"

L'Universo possiede un'anima, chi capisce il linguaggio di quest'anima riuscirà a comprendere il linguaggio delle cose.

10. La formula

Bidibi, bodibi, buu!

La Fata Smemorina (Fata di Cenerentola)

Innanzitutto va individuato il messaggio che l'anima ha da darci. Fatti i compiti per casa, c'è un universo di giochi da fare!

Particolare attenzione dovrà essere rivolta alla forma verbale usata, che non deve trovarsi al modo condizionale poiché, lo dice la parola stessa, ciò condiziona e proietta nel futuro, e questo non va bene, poiché nel futuro non esiste il tempo.

Si deve mettere in moto il desiderio nell'adesso; l'unico momento in cui esiste il tempo è l'ora, non c'è tempo nel passato che è passato, né nel futuro, poiché è ancora nel divenire.

Il desiderio candidato alla realizzazione deve muoversi al suono della formula magica "io voglio" col verbo al tempo presente.

Fondamentale sarà l'uso dell'intento nella sua forma positiva, per non caricare il desiderio di energia negativa, quindi è da evitare l'uso della parola "non" all'interno della frase.

Ecco che sarà funzionale una frase positiva ed incisiva, precisa e dettagliata.

Il desiderio dovrà risultare estremamente chiaro, pur nella brevità dell'espressione.

Niente giri di parole che possano far credere all'universo che non siamo del tutto certi su ciò che vogliamo.

Chi vuole davvero una cosa, non ha dubbi, e sa spiegarsi piuttosto bene. Ciò che è ben chiaro in testa è ben visibile anche fuori di noi.

Ecco che immergersi nella vasca da bagno, nell'acqua calda con sali e oli essenziali di lavanda e sandalo, che meglio arrivano alla corteccia del cervello, attraverso le veloci vie dell'olfatto, può essere utilissimo per schiarirsi le idee.

Le tecniche da consigliare sono molte, per esempio è utile anche dedicarsi ogni giorno a riordinare, per qualche minuto, un angolino della propria casa: è un'ottima "desiderio-terapia!".

Quando non sappiamo bene cosa vogliamo, è necessario mettere ordine e poiché all'essere umano serve un certo focus mentale, è utile l'esercizio di sistemare un po' alla volta, ogni giorno, una parte della propria casa.
Ordine fuori, ordine e pulizia dentro!

Il maestro Baba Bedi dice che una casa sporca è una casa senza amore e, visto che il nostro corpo è la casa della nostra anima, io credo che mantenerlo in ordine e pulito aiuterà a capirsi meglio.

Spesso quando stiamo male, quando non ci sono chiari gli intenti, quando siamo scarichi di energia, o non sappiamo come usare quella che c'è, perché non troviamo niente di buono per cui muoversi, tendiamo a non curarci molto.

I maschi poi, pure meno delle femminucce!
Diventiamo tutti dei pantofolai in pigiama scompagnato, con alito topicida e capelli da sfollato!

In queste condizioni mettiamo davvero a dura prova il lavoro del nostro Guaritore Personale che tenderà a farci evitare gli specchi per impedirci di farci del male!

È necessario reagire e vestirsi, pettinarsi e sistemarsi al meglio per agevolare la guarigione.

Una persona che non si lava è un potenziale candidato alla depressione!

Non dovremmo formulare desideri nei giorni in cui stiamo particolarmente male o siamo pesantemente depressi. Non sarebbero desideri veri! Perciò la lista dei desideri potrà essere spesso rivista.

Con il tempo, mentre aumenta la nostra energia, i nostri desideri tenderanno a non assomigliarci più.

Sarà bello vedersi crescere vedendoli crescere.

Mantieni sempre l'occhio vigile, e chiediti spesso, nel moto del desiderare:

"Cosa succederà se questo desiderio si avvera?
Mi farà sentire 'di più'?
Mi farà diventare un essere migliore?
Darà nutrimento al mio esistere?"

Se a queste domande la risposta è sì, allora metti in moto l'"Io Voglio", e stai pur certo che otterrai! Poiché è facile che l'anima sia d'accordo!

Il girasole non ha scelta, va dove si muove il sole. Come noi, anche lui deve seguire, e per tutta la sua esistenza, la scelta dell'anima! È consapevole di essere un fiore. Sa che morirà da fiore, e rivivrà col seme. Questa è la sua logica, e lui l'accetta. In questo lui è vincente, e nel suo "Io Voglio", viene sempre accontentato!

"Tutto ciò che accade è mosso dalle leggi del Grande Spirito. L'Universo ha un suo superiore senso e obbedisce alla legge dell'Uno.

Non ribellarti, accetta questa situazione, ricorda che non sei lasciata sola.

Sai come fare per fluire tra gli ostacoli che ti ritrovi di fronte, l'hai fatto altre volte. Il tuo premio ti sta aspettando.

Non tergiversare sui ricordi del tesoro che possedevi, rischi di prolungare l'attesa.

Manca così poco...

Da ogni evento-dolore ti sei lasciata impoverire, perché hai perso di vista l'obbiettivo. Sii fluida mentre passi fra i sassi del letto del fiume.

Guardati in giro, e godi dei doni che il Grande Spirito vorrà mandarti, ma non perdere mai di vista il mare!

È in arrivo qualcosa per te, sempre e in ogni momento. Sappilo vedere.

Elimina l'ansia e le aspettative e lo vedrai, lì, proprio lì, davanti a te!"

11. I DEMONI DELLE FORME-PENSIERO

Vi sono guerrieri forti e valorosi da entrambi i lati... non è una guerra tra buoni e cattivi: è una guerra tra forze che combattono per lo stesso potere.

Quando inizia una battaglia di questo genere, si prolunga più delle altre, perché Allah è con tutte e due le parti...

Paulo Coelho. *Il manuale del guerriero della luce*

I desideri e il nostro stesso atteggiamento sono fortemente manipolati anche da energie diverse da quelle analizzate fino ad ora, perciò a questo punto procederò alla presentazione di "Entità Particolari", ognuna con caratteristiche proprie.

Se fossimo nell'ambiente medico le chiameremmo malattie, alcune sono nominate nevrosi o psicosi ma, se fossimo vissuti nel periodo del grande papà dei medici, Asclepio, le avremmo semplicemente chiamate demoni.

Demone è una parola di origine greca che significa distributore.

Cosa distribuiscono i demoni?

Energia!

Energia di pessima qualità che, come un cono d'ombra, propone ed attrae a sé eventi dello stesso genere, cioè non funzionali alla persona che li ospita.

Ora andremo a fare la loro conoscenza, poiché tutto ciò che non conosciamo può essere usato contro di noi.

L'uomo possiede un corpo fisico ben visibile a tutti. Ne possiede anche uno un po' meno visibile, ma altrettanto importante: il corpo eterico.

Immagina un denso vestito trasparente che riveste il nostro corpo fisico, una concentrazione di energia nella quale sta depositato tutto ciò che ci è accaduto e ci accade.

A questi strati e agli altri che seguono in successione (emozionale, mentale, astrale...) si aggancia l'insoluto, tutto ciò che non abbiamo fatto, quello che abbiamo fatto e quello che ci hanno fatto...

Questi debiti e questi crediti creano uno sbilanciamento che dal piano energetico, quello dei corpi sottili, passa al piano fisico, sviluppando la malattia.

Ne consegue che le malattie provengono dagli atteggiamenti sbagliati, o meglio s-funzionali[1] che noi possiamo assumere.

Questi comportamenti sono stati di solito causati da traumi che hanno creato blocchi che non permettono ai nostri punti energetici di lavorare al meglio. Input pesanti ci inducono allora ad atteggiamenti e ci sprofondano in emozioni a noi poco o per nulla funzionali.

Queste energie possono essere delle vere e proprie entità, che vengono ad esistere ed a interagire col nostro essere, perché entrano in risonanza con qualche aspetto del nostro atteggiamento o bisogno del momento. Possono soggiornare in noi anche per moltissimi anni.

Alcune di loro sono semplici forme-pensiero[2].

Le forme-pensiero sono ammassi di energia dolore, di energia pesante, che si attaccano al piano sottile, alla nostra aura, e ci rallentano il cammino con pesanti tormenti.

Le forme-pensiero sono più o meno dense e, rimanendo agganciate ai diversi punti energetici, permeano fino in fondo il nostro corpo fisico, influenzandolo pesantemente con la così detta malattia. La malattia in questione può essere del corpo o dell'anima.

Se comprendiamo cos'è una forma-pensiero, come si muove per poter entrare in frequenza con il nostro intimo, come va ad agire su di noi, sui nostri intenti, sui nostri desideri, si imparerà a conoscerla, e così essa avrà sul nostro cammino un impatto molto più ligth.

Quando ci rendiamo conto di non essere le nostre forme-pensiero ma di contribuire in buona parte alla loro creazione, ci viene dato modo di poterle riconoscere, osservare, per poi poterle lasciare andare.

Attenzione però, le forme-pensiero non sono semplici pensieri, e non vanno sottovalutate.
Sono veri e propri carichi pesanti che ci siamo portati appresso anche dalle vite precedenti e che, se non vengono compresi e risolti, andranno ad intaccare il Karma delle nostre prossime vite.

La Signora Forma-pensiero è una forza che entra in azione non appena ci ha agganciato, e da quell'istante in poi tutti i piani, i vari strati energetici, compreso quello fisico, sono suo territorio d'azione. Immediata e devastante!

La nostra reazione a ciò che ci accade è influenzata da un bel po' di elementi, figuriamoci i nostri desideri!

È subito da chiarire che nessuno ha desideri suoi, a meno che non abbia tre anni, quando ancora qualcosa di integro rimane, a parlare dell'"Io Voglio" della persona!
Siamo fortemente contaminati dalla cultura in cui siamo stati cresciuti, dalle tradizioni che ci hanno costretto ad osservare, dalle nostre abitudini, dal nostro stato emozionale, dal credo religioso...

Ti può sembrare incredibile, caro lettore, ma ognuno di noi vive in un mondo tutto suo. Non è il mondo reale, è quello che ognuno di noi crede che sia, in base alle proprie credenze.

Alcuni scienziati hanno fatto tastare, ad un gruppo di persone bendate, una parte anatomica di elefante. Ne è conseguito che, in base al fatto che una persona abbia potuto sperimentare l'orecchio, piuttosto della proboscide dell'animale, si è fatta una diversa idea di come questa creatura potrebbe essere...

L'animale ovviamente è lo stesso, cambiano le esperienze. E così noi vediamo e percepiamo il mondo, andando a vibrare a frequenze diverse e attirando a noi diverse vibrazioni, in base all'impressione che l'esperienza ci ha lasciato.

Il tempo e le esperienze pesano in base a come le viviamo.

«Spazio e tempo non sono condizioni in cui viviamo, bensì modi in cui pensiamo.»

Einstein

Di conseguenza le persone attraggono a sé, in base alla loro diversa frequenza, altre persone ed eventi che corrispondono a questa frequenza, perché solo così è possibile la sintonizzazione.

Quindi, se per esempio sono in frequenza "105" sentirò "Radio 105", se invece vibro a "102.5" sentirò "RTL", ed attrarrò a me persone a cui piace questa diversa emittenza radiofonica.

Non lamentatevi quindi del tipo di persone che attraete a voi, suonano la vostra stessa musica!!
I desideri e gli intenti sono fortemente condizionati dalle ferite memorizzate nell'aura della persona, causate da entità forme-pensiero. Il corpo energetico è indebolito perché non più protetto, e in questo stato ci si sente spaesati, senza obbiettivi.

La forma-pensiero a questo punto inizierà ad attrarre tutto ciò che corrisponde a questo tipo di frequenza disarmonica, e l'entità malattia presto farà la sua comparsa...
L'entità malattia si nutrirà dell'energia dell'organo fino ad esaurirla completamente.

I demoni e le forme-pensiero non fanno dei danni perché ci odiano, perché dobbiamo essere puniti, o perché siamo stati cattivi... questo processo non è né giusto né sbagliato, è naturale e funzionale.

Non si tratta quindi di nemici da distruggere ma piuttosto di opportunità che ci dicono: "Attenzione! Quello che stai facendo non corrisponde all'intento originale della tua anima. Accorgiti!".

Spesso individui davvero poco etici e di pochissimi scrupoli non hanno addosso molte forme-pensiero o entità malattia, solo perché non sono ancora pronti per sviluppare la consapevolezza.
Quando si eleveranno inizieranno a nutrire sensi di colpa, e le forme-pensiero arriveranno, in compagnia di amici vari.

Sono utili, funzionali nel loro farci s-funzionare! Non dobbiamo certo odiarle, le forme-pensiero ci fanno, in questo senso, un grande favore!

A poco servirà intervenire sul corpo fisico tagliando e operando, se questa azione non sarà supportata dalla ricerca del motivo del "perché stiamo male".
Siamo esseri immensi, i nostri conflitti non possono essere risolti come se fossimo in un reparto di macelleria!

La forma-pensiero vuole essere ascoltata e considerata, sennò andrà ad intaccare un altro organo, un'altra parte del corpo fisico. Finché non sistemiamo il piano eterico essa ne creerà altre, oltre a quelle che già ci sono.

I traumi che attraggono forme-pensiero e i bisogni non appagati nel mondo fisico si trasformeranno in demoni ed entità malattia che, rimanendo in memoria, condizioneranno il pensiero.
Non sarà facile intervenire se non nel momento dell'"Ora dell'Accorgersi".

E poi? E poi, una volta che ci si è accorti, si inizia a guarire!

La nostra Guarigione passa attraverso la nostra Accettazione.
Un evento registrato nella memoria non si può cancellare, si deve accettare.
Non è sufficiente perdonarlo.
Il perdono ha una carica troppo debole.

L'evento che ha creato un trauma si deposita su di un punto energetico, infilandosi nell'aura.
Così facendo, farà girare male la ruota invisibile chiamata Chakra (parola sanscrita che significa ruota che gira), cosicché si andrà ad assorbire in maniera scorretta l'energia dall'etere.
Questa energia è fondamentale poiché alimenta l'organo sottostante.

Eh sì, proprio così, noi esseri umani non viviamo di pasta e formaggio, ma di radiazioni, di quantum di energia!
Col processo digestivo trasformiamo il cibo in carburante, energia di pronto utilizzo.
Questa è una funzione che svolge meccanicamente il terzo Chakra (punto energetico che interessa da due dita sopra l'ombelico fino circa allo sterno), ma l'energia viene assorbita anche da tutti gli altri sei grandi soli.

Ne conosciamo almeno sette di questi soli chiamati Chakra, sotto ai quali si trovano gli organi più importanti, che servono a salvaguardare la vita sul piano fisico.
Se ci sono traumi, ci sono forme-pensiero attaccate che si nutrono dell'energia che servirebbe all'organo per stare in salute.

Purtroppo, come dicevo, non è così semplice portare equilibrio nel caso di scompensi di questo tipo. Col perdono si fa poco.

Si può decidere, in uno slancio di compassione, di ricorrere al perdono per affrontare un evento pesante che si è subito, ma si continuerà ad essere influenzati dall'evento che ci ha creato dolore.

Non avverrà nessun cambiamento se non ci si dis-identificherà dall'energia pesante.

Oltre ad una discreta forma d'altruismo che ci mette la coscienza in "stato di credito" nei confronti della vita, altro non succede col perdono!

Con la formula del perdono, si gira e si rigira nel ricordo di quella volta che "ci è andata male", andando così a portare questa informazione nefasta al nostro oggi, condizionando fortemente il nostro domani.

Cosa si deve fare allora?

Si deve comprendere che, in quel momento e in quelle condizioni, noi non potevamo agire che in quel modo, e ci doveva accadere proprio quell'evento, e che comunque è un evento del tempo passato, non del presente e tanto meno del futuro.

La persona che vive nell'adesso deve comunicare al suo inconscio che l'energia che si consuma per alimentare una forma-pensiero dolore deve invece servire per creare una vita migliore nell'ora.

Deve servire alla persona dell'ora, non a chi non esiste più, né tanto meno all'entità parassita!

Lavorare su ciò che un particolare evento causa nel "qui ed ora" è l'unico modo di dissolverlo, facendogli perdere la carica negativa.

Il tempo esiste solo nell'adesso, perciò le cose vanno necessariamente risolte nell'oggi.

Noi siamo il presente, ed in esso è contenuto tutto il nostro vissuto. Noi possiamo anche dimenticarlo o credere di averlo fatto, possiamo perdonarlo, ma l'accettazione è ben altra cosa, ed è l'unica a disattivare il sistema dolore.

Attenzione quindi alla legge delle "4 R":

RABBIA - RANCORE - RIMORSO - RIMPIANTO

Questi sentimenti rappresentano la fonte principale di "approvvigionamento cibo" di tutte le entità malattia.

Esistono poi forme-pensiero che ne contengono altre, spesso dovute ad eventi accaduti nella nostra infanzia.

Queste influenzano il nostro ora e di conseguenza il nostro domani, come se il fatto fosse accaduto pochi istanti fa e ci fanno agire di conseguenza.

Chi per esempio da piccolo si è scottato, da grande avrà timore di tutto quello che ha a che fare con il fuoco, se non ha risolto l'evento.

Accorgendosi di come si mantengono attivi questi meccanismi, si potrà fare molto per liberarsene.

Alle persone accade un fenomeno molto strano, quando smettono d'avere ricordi pesanti in memoria. Provano paura perché non hanno più cose spiacevoli a cui pensare! Ma perché mai?

Perché noi ricordiamo più facilmente gli eventi brutti che quelli belli, quasi come se si fosse destinati a mantenere nel proprio quotidiano queste valigie pesanti per viaggiare nel mondo.

Ci sentiamo troppo stranamente leggeri a girare con valigie vuote!

Ci hanno abituato a pensare che si deve temere il nuovo: "Chi cambia la strada vecchia per la nuova, sempre male si trova!".

Sono proprio le valigie del "Lo so già" cariche di esperienze che ci hanno ferito o, peggio, che hanno ferito i nostri genitori, o i nostri amici, e che ci condizionano fortemente, a non permetterci di andare incontro al nuovo, ad impedire la realizzazione dei desideri.

Quando si inizia a lavorare sui traumi è un cantiere sempre aperto…

A volte sembra che non finiscano mai! Ma è un buon metodo per liberarsi da vecchie convinzioni e antichi errori, che non portano che ai soliti sbagli.

Foto in bianco e nero che, quando le guardiamo, portano solo sentimenti di tristezza! Il tempo toglie i contorni dalla fotografia, ma l'immagine di quel che è stato esiste nel tempo.

Siamo noi a fare destino.

Co-creatori delle nostre più belle vittorie e delle nostre più profonde disgrazie.

Prima impariamo ad osservare gli eventi che ci parlano di questo, e ci mostrano il sistema, meglio è!

Sempre noi, nessuno da incolpare, a volte vittime a volte inquisitori e carnefici.

Cerchiamo di porre attenzione e di osservare che si tratta solamente di nostri spettri.

NOTE

1. Atteggiamenti S-funzionali: interessantissimo il libro *Archetipi* del magnifico Mario Pincherle. Macro Edizioni.

2. Forme-pensiero: da leggere i testi *Forme Pensiero* e *Forme Pensiero II* di A. Givaudan. Edizioni Amrita.

12. Egregore e forme-pensiero

Strana alchimia: ogni volta che tento di migliorare qualcosa di me, anche tutto quello che c'è intorno a me diventa migliore.

Ora è giunto il momento di fare conoscenza con la Signora Egregora.

L'egregora è un ammasso d'energia che non ha una vita propria ed è nutrita dalle forme-pensiero di tutta la collettività.

Che tipo di forme-pensiero?

È molto interessante osservare che le egregore non sono tutte negative e a noi s-funzionali come le entità Malattia.

L'egregora è alimentata da tutti i pensieri dello stesso genere che girano sulla Terra.

Esiste l'egregora della guerra, delle violenze, l'egregora della fame, del disagio, della collera...

Ma allo stesso modo esiste anche l'egregora dell'amore, dello stato d'innamoramento, dell'infatuazione, della passione, dell'attrazione, della gioia, della compassione, dell'altruismo, dell'euforia, dello stato di grazia e della maternità!

Le egregore che dall'umanità stessa sono nutrite, agiscono nella misura e nella maniera in cui vengono alimentate.

Pochi sanno che in questa terra co-esistono altre forme di vita, le quali occupano lo stesso nostro spazio, ma su di un piano diverso di coscienza. Anche se noi non le vediamo. L'elica di un aereo in movimento non è percepita dai nostri occhi biologici eppure c'è, se si ferma la vediamo perché diminuisce la sua frequenza vibratoria.

Questo è chiaramente un limite dei nostri occhi biologici e non dell'elica che c'è, sia che noi la riusciamo a vedere, sia che noi non la riusciamo a vedere.

Attenzione poi, noi non siamo colpevoli dei nostri pensieri, siamo però responsabili delle nostre creazioni!

Ogni nostra azione alimenta una egregora, ogni nostro pensiero andrà a far sì che si irrobustisca una egregora, che a sua volta genererà altre azioni.

È importante capire che questo sistema, che è perfetto nel suo funzionamento, non ha niente a che fare con i concetti di giusto e di ingiusto.

Esso è funzionale alla crescita, ha uno scopo da raggiungere tramite il suo essere s-funzionale all'individuo nell'oggi: la stessa evoluzione nell'essere a cui porterà gli uomini una volta che siano giunti alla piena comprensione di questo processo...

Abbiamo detto che tutte le nostre forme-pensiero alimentano una diversa egregora, mentre il pensiero è composto da elettro-magnetismo e, a sua volta, può condurre nel piano fisico un evento.

Crea!

Così accade che ogni nostro poco funzionale pensiero creerà cibo buono a creare disordine.

Tramite l'egregora a noi non funzionale si nutriranno vari tipi di situazioni poco ecologiche che creeranno squilibri, più o meno giganteschi, in base al tipo di entità che si andrà a muovere.

Quando ero piccola pensavo che i grandi fossero tutti adulti.

Quando sono diventata grande io, mi sono resa conto che non è così, nel mondo degli adulti ci sono davvero pochi adulti.

Essere grandi, significa anche iniziare a capire che noi non siamo la nostra patologia.

Se qualcuno ci dice che siamo malati, che abbiamo una brutta malattia, sapete cosa ci succede?

Iniziamo ad immedesimarci con la malattia; Daniela non è più Daniela, è la sua malattia che si chiama cancro. Lei è quella malattia, lei diventa il suo cancro e lo collega, perché questo le hanno insegnato a credere, alla morte stessa!

Lei nel suo oggi e nel suo domani, quando si guarderà allo specchio, vedrà questo, vedrà la morte.

La medicina energetica non ha limiti, e nessuno dovrebbe crearne racchiudendo il disagio di una persona in una parola, non va bene e non è corretto.

L'essere umano va colto nella sua interezza, e principale obbiettivo del terapeuta deve essere quello di ricollegarlo all'origine, alla sua originaria potenzialità, alla fonte, al suo guaritore interno.

All'interno di noi infatti, riposa assopito il germe del guaritore, che si attiva, se non è bloccato da energia pesante, nel momento del bisogno, all'arrivo del malessere.

Accade non di rado, infatti, che molte malattie, anche gravissime, guariscano da sole e, alcune volte, senza che noi ci fossimo accorti di essere malati.

Tutto quello che in questa vita rimane di irrisolto crea bagaglio, più o meno pesante.

Questo accade perché le forme-pensiero non hanno problemi né di tempo né di spazio.

Ecco che una determinata forma-pensiero può rimanere nostra compagna d'avventure anche per più di una vita, se la situazione la mantiene in salute.

Un modo come un altro per pareggiare i conti con gli insoluti!

L'Energia dolore si muove nei vari parallelismi (intesi come i vari mondi possibili) senza problemi, finché non trova ascolto. Quando questo avviene, si va a resettare l'informazione viziata.

Ogni dolore è un bottoncino rosso che s'illumina, acceso dalla parte più alta di noi, affinché possiamo evolverci. Serve a rimetterci in carreggiata e a ricordarci gli intenti originali.

Questo ha poco a che vedere con i sensi di colpa e le autopunizioni.

Togliere carica pesante all'evento del passato che ci ha arrecato dolore serve a togliere energie e a rendere inattiva la forma-pensiero, fino a che non riusciremo a trasformarla, facendola praticamente morire di fame.

Quando ci dis-identifichiamo dalla forma-pensiero essa viene a perdere forma, perché non viene più a vibrare con noi. Non suoniamo più la stessa musica!

Quando ci sentiamo male, quando ci percepiamo come invasi e un nuovo sentimento ci stritola il cuore, prodotto da qualcosa che ci hanno detto o fatto, siamo in presenza del tipico effetto che la forma-pensiero produce nel momento in cui è in azione.

La forma-pensiero cerca così di prendere posto dentro il nostro corpo energetico, agganciandosi all'aura, e questo processo è permesso in maniera inconsapevole dall'ego, è lui che soffre, è lui che si sente ferito!

La forma-pensiero cerca di fare in modo che noi iniziamo a ragionare secondo i suoi schemi, così noi ci identifichiamo in lei.

In questo momento storico sta avvenendo un miracolo meraviglioso. È data a tutti una grande occasione: la possibilità di risolvere i vecchi contenziosi col passato, e di passare ad un altro modo di vivere.

Dal 2001 circa c'è stato un incredibile aumento di nodi da sciogliere, di problematiche che si sono presentate concentrandosi tutte in un brevissimo periodo.

Molte persone fino a qualche anno fa assolutamente indifferenti agli argomenti spirituali, stanno ora leggendo libri a cui prima mai si sarebbero interessate, e che forse perfino avrebbero screditato...

13. Anima Gemella Cercasi

Il compito massimo nell'esperienza dell'amore condiviso non è certo quello di trovare un altro "te" che faccia l'uno più uno che fa due, ma di trovare un altro te che faccia l'uno più uno che fa Uno.

Due per Uno!

Tra i molti desideri-bisogni che un essere umano può avere c'è la ricerca del compagno.

Ricerca, questa, tutt'altro che illecita, solo che l'idea della così detta altra parte di noi, l'altra metà della mela, risulta essere un po'... confusa!

Siamo tutti sempre molto pronti nell'elencare le cose che non ci vanno del nostro compagno o della nostra compagna, ma siamo alquanto spiazzati quando ci viene chiesto come dovrebbe essere il nostro uomo o donna ideale.

Si ricorre così, miseramente, ai soliti giri di parole, per descrivere un modello di uomo o di donna che non esisterebbe nemmeno su di un catalogo!

Quando poi pensiamo di aver trovato chi fa per noi, soprattutto nella prima fase dell'innamoramento, ce ne usciamo con frasi che rasentano la tragedia se comprese nella loro profonda essenza, che esprimono tutt'altro che l'amore e che spesso non provengono nemmeno da noi.

È un imprinting! Accorgiamoci!

Ad esprimere le visioni più falsamente romantiche, e terribilmente manipolate troviamo parole del tipo:

"Prima che arrivassi tu mi sentivo incompleta!"
Oppure:
"Sei la vita mia!"
"Senza di te la mia esistenza perderebbe di significato!"

... e così via, parole molto, davvero molto lontane da quelle dell'amore!

Ma non ci si accorge! Perché? Perché questo è l'imprinting, il programma chiamato Amore, ma che dell'autentico Amore non è nemmeno lontano parente!

La maggior parte delle donne ha in testa lo stereotipo del principe azzurro che le venga a salvare su di un cavallo bianco, che agilmente le porti lontano da una vita di banalità, verso agiatezze tutte dorate, in un castello di cui loro saranno le sovrane, nonché padrone di ogni attenzione che il malcapitato abbia tempo ed energia di poter dedicare ad altri.
L'uomo che le protegga, ma soprattutto che le mantenga.

Questo finisce presto per diventare un amore del tipo: "Il mio tessoro!!!" modello Smigol, famoso personaggio della saga de *Il Signore degli anelli.*

Alcune donne tornano ripetutamente single, dopo una lunga e dettagliata ricerca, accumulando un certo campionario di fallimenti, più o meno dolorosi. O peggio, sposate a qualcuno che non farà loro mancare niente di materiale, ma che a malapena si ricorderà di che colore hanno gli occhi!

I maschi sono in genere meno romantici, niente principessa rosa per loro, ma una superbambola modello Barbie, che sappia soddisfare le più colorate fantasie hard, e naturalmente per tutta la vita!

Ma modello santa!

Che sappia cucinare, cucire, tenergli la contabilità e crescere, senza mai lamentarsi, i loro cuccioli.

Naturalmente questo particolare modello di donna non esce di casa, non ha hobby o amiche dallo spirito troppo libertino!

Uomini o donne che siate, in entrambi i casi ognuno di noi ha le sue particolari esigenze, dettate da anni ed anni di abitudini e tradizioni che hanno sfornato centinaia di disadattati.

Il problema è sempre lo stesso: la domanda sbagliata!

Non siamo in grado di formulare bene il desiderio, e attraiamo a noi l'uomo o la donna che ci hanno insegnato a volere, non chi realmente ci farebbe crescere e ci renderebbe felici.

Soprattutto felici!

Quando si parla d'amore, la felicità non è compresa, o è lontanissima dalle prime posizioni nelle richieste di chi aspira a vivere questa esperienza.

Sembra che non capiamo che cosa significhi essere felici sul serio!

Sembrano essere solo parole, che non comportino una comprensione più profonda.

Una ricerca invece che, come nel complemento di specificazione, risponde alla domanda "Di chi? Di che cosa?".

Che cos'è amare e che cos'è essere amati sembra essere il cono d'ombra dell'oscura parte di noi, che non sa cosa volere.

Ritornando alle fasulle espressioni dell'Amore: "In questo momento sono qui, a soffrire le pene dell'amore!"

E ancora: "L'amore che fa piangere e disperare!"

Si riempiono così i ritornelli delle canzoni!!!

"L'amore non è bello se non è litigarello!"

Ego distorto!

Non siamo in grado di capire chi e che cosa farebbe la nostra felicità, perché non siamo in grado di vedere qual è la nostra felicità.
Questo è un dato di fatto!

Anche nella ricerca dell'amore, noi, come cavalieri erranti, ci muoviamo in foreste di nebbia fittissima, senza riuscire a distinguere la destra dalla sinistra!
Questo è dovuto ad un imprinting vecchissimo, giurassico, oserei dire!
Non cerchiamo l'amore, cerchiamo l'idea che ci hanno insegnato dell'amore!
Che di per sé non esiste!

Partiamo dalle origini: le persone cercano l'altra metà.

L'altra metà: questa espressione, peraltro diffusissima nell'immaginario collettivo come nel linguaggio di tutti i giorni, riflette la convinzione che abbiamo di non essere completi, che ci manchi un pezzettino, che siamo rotti, difettosi, che così, da soli, non possiamo funzionare.

È così, da questa idea corrotta, che nascono e si alimentano le forme-pensiero dell'abbandono e del non valgo abbastanza.

Noi siamo già interi, se cominciamo a capire questo non ci aspettiamo di incontrare un altro "noi", il nostro gemello robotizzato, che si muova come una nostra estensione. Questo sarebbe un rapporto auto-referenziale, non d'amore!

Di fatto, la prima cosa che facciamo in un rapporto di coppia, quando abbiamo la fortuna di sperimentarne uno, è creare il nostro compagno, modellandolo sulle nostre esigenze.
Ma non è un rapporto di coppia questo! È schiavitù! Nel migliore dei casi, capita che ognuno si muova come fosse single pur ritenendo di essere accoppiato!

Cliché che ci hanno insegnato a volere, che ci hanno insegnato ad essere!

Ed ecco che l'uomo per essere tale deve possedere queste particolari caratteristiche...

... e una donna queste altre virtù...

Ego distorto!

Il nostro compagno è un compagno di vita, non la nostra vita!

Ed è proprio perché si dice nostra, cioè di noi, che dovrebbe come minimo esserlo!

Finiamo spesso per impadronirci della vita dell'altro, fin quando ce lo permette, cioè fino al momento in cui arriverà a spaccarci il cuore pretendendo di riprendersela! E viceversa!

Ed ecco che piagnucolando raccontiamo alle amiche quanto quest'uomo sia stato crudele nell'abbandonarci alla nostra vita...era così bello quando ci permetteva di vivere la sua!

Nessuno dovrebbe vivere per un'altra persona!

Nessuno dovrebbe vivere di un'altra persona.

Ognuno dovrebbe imparare a vivere di sé!

Che tragedia vedere sgranellarsi i nostri giorni e i nostri anni con la terribile aspettativa che ci fa vivere in felicità (o presunta tale), in funzione del fatto che una persona sia al nostro fianco o meno!

Significa crearsi, giorno dopo giorno, con le nostre proprie mani, l'inferno, poiché quando ci si affida a qualcuno in un rapporto di grande o addirittura piena dipendenza di fatto noi permettiamo che i successi e gli insuccessi di questa persona determinino lo stato di salute del nostro sistema nervoso, e qualche volta in modo irrimediabile!

Punto d'appoggio illusorio, ci arrecherà grandi sofferenze il giorno in cui ci verrà a mancare.

Infatti prima o poi il nostro compagno, o la nostra compagna, si comporterà in modo tale da farci sentire messi da parte o allontanati, ed in quel momento il mondo ci crollerà addosso.

La nostra felicità non dovrebbe dipendere che da noi e non dal fatto che ci sia o non ci sia una certa persona al nostro fianco!
Solo così eviteremmo di creare dipendenze che finirebbero presto per aggiungere un altro buco al nostro cuore, destinato a sembrare una gruviera.

In moltissime separazioni il coniuge vive l'abbandono come un lutto, come se il compagno fosse morto nel momento in cui veniva redatto il documento di separazione.

Ego distorto!

Allora, ricapitolando, niente altra metà della stessa mela, noi stiamo bene come stiamo, interi!
Siamo esseri divini e perfetti esattamente così, non ci manca nulla!
Si dice che noi esseri umani siamo stati fatti ad immagine e somiglianza di Dio.
Vi pare dunque plausibile che Dio, che è perfetto, possa aver creato qualcosa che non lo sia?

Non è logico!

Viviamo nel mondo della logica e del materiale e se una cosa non può essere spiegata, non è utile in questo piano fisico!

Nell'amore si cercherà quindi non più qualcuno che ci completi, ma qualcuno che ci faccia vedere come tutto soggiorni già in noi.
Il nostro compagno dovrebbe essere come un sole che ci illumina, permettendoci di vedere la nostra divina perfezione e come siamo completi da sempre!
Ci dovrebbe scattare la foto, per mostrarci come già risplendiamo di magnifico, di verità e di bellezza, in ogni attimo e sempre di più!

L'amore della nostra vita dovrebbe farci semplicemente luce, luce, mentre condivide la vita con noi.

Condividere la vita significa che, mentre ognuno vive e scopre la propria grandezza, illumina di entusiasmo l'altro, nell'osservazione della sua.

La coppia divina, l'uno più uno che fa Uno.

Questo ci renderà enormi!

La luce d'amore del nostro compagno, della nostra compagna, illuminerà i nostri talenti assopiti e diverremo famosi per noi, senza rubarci la vita, senza elemosinare attenzioni, ma riscoprendoci e illuminandoci di immenso nel nostro Essere Divini e Unici!

L'Amore è una cosa seria! O forse no?!

Di sicuro c'è che l'Amore vero lascia liberi.

L'Amore annulla l'illusione della separazione, quando è autentico. Ecco perché ci fa sentire bene.

Cercare l'anima complementare a noi ci fa diventare esseri enormi.

Quando c'è Amore, non c'è paura, perché tutto viene accolto nel cuore.

L'Amore ci rassicura che tutto va bene, ci rende così liberi.

L'Amore crea unione.

La paura crea fratture!

L'Amore entra nelle nostre vite quando noi gli apriamo la porta, non si costringe a buttarla giù!

L'Amore è l'essenza energetica che più ci assomiglia: Noi siamo Amore!

Se c'è Amore intorno a Noi, è perché c'è anche dentro, e viceversa.

Amore non è essere accondiscendenti per farci amare di più.

Amore non è fare ciò che gli altri vogliono che noi facciamo!

Amore non è mettere i bisogni degli altri prima dei nostri!

Sacrificare noi stessi per amore, non è Amore!
Accorgiamoci!

Nessuno che ci ami davvero potrà mai chiederci questo!
Siamo continuamente alla ricerca di approvazione e ammirazione... Ma è un equilibrio che dovremmo coltivare noi, per noi! Da dentro!

La verità è che ogni volta che ci adeguiamo ad un altro perdiamo di vista noi stessi!
Essere tolleranti non è Amore! Essere nella dipendenza, non è Amore!
Finché non ci ri-appropriamo di noi, finché siamo qualcos'altro, non possiamo Amare.

Tutto quello che ci hanno insegnato sull'amore, ci allontana dall'amore stesso.
È Falso! Accorgiamoci!
Siamo prigionieri delle credenze collettive, che sono credenze e non verità!
Abbandoniamoci al nuovo, fidiamoci dell'amore, e affidiamoci alle sue alte frequenze che non possono mai ferire.

14. Chi è zoppo e chi impara a zoppicare...

Ogni qualvolta non si è capito qualcosa la storia si ripete.

L'essere umano è destinato a ripetere gli errori del passato...

... ancora e ancora, finché arriverà un momento magico in cui, senza preavviso, un certo numero di persone comincerà a scegliere in modo diverso.

Infinite benedizioni a coloro che stanno iniziando a camminare con un nuovo passo, perché, anche se saranno chiamati pazzi, avranno avuto il privilegio di rompere un sistema che proiettava ombre oscure sulla loro specie.

Quel giorno, in quell'ora, il vecchio modo di fare futuro verrà distrutto e si creeranno nuovi e più luminosi "adesso".

L'universo in cui viviamo è composto di energia dinamica in continuo movimento. Gli atomi stessi non sono composti da statiche particelle di materia ma da onde pulsanti che vanno e vengono.

Noi esseri umani non siamo esseri solidi.

Il papà della Teoria Quantistica, il fisico Max Planck, diceva che è quello che noi crediamo che ci fa essere ciò che siamo.

In conclusione le persone sono fatte di pensiero, pensiero che, passando attraverso il campo magnetico prodotto dal cuore, viene soppesato da due importanti filtri: la paura e l'amore. A questi due filtri convergono tutte le infinite sfumature di emozioni che si possano provare.

È proprio attraverso queste due lenti, l'emozione Paura e l'emozione Amore, che l'essere umano vede e misura il da farsi, è da questa valutazione che si origina la sua reazione.

Se, per esempio, sulla base delle tue convinzioni, un nuovo pensiero è percepito con l'emozione-paura, ti sentirai proprio così e la tua realtà si muoverà in quella direzione, creando disagio e negatività. Se invece il pensiero in arrivo dalle onde elettriche del cervello viene filtrato con l'emozione-amore, attrarrai a te una realtà più piacevole e non avrai nulla da temere.

La cosa davvero straordinaria, però, è che tutto questo può anche non dipendere da un fatto realmente accaduto, ma soltanto da tutto quello che ti hanno insegnato a credere e che viene nutrito, alimentato dal fatto che ci credi.

In buona sostanza ti hanno insegnato ad essere chi devi essere, manipolando le tue credenze attraverso convenzioni dis-funzionali.

È più difficile scindere un pregiudizio, che l'atomo.
A. Einstein

Tutte le nostre convinzioni dettate da anni ed anni di tradizioni del che cosa si deve credere hanno fatto sì che esista la realtà che esiste.
Pazzesco, incredibile, ma vero!

Dal cuore, che produce il campo magnetico 5000 volte più potente di ogni altro organo, scaturiscono le nostre realtà.

Ma chi ci ha insegnato quello che dobbiamo credere?
Noi crediamo a quello che crediamo, grazie a qualcuno che ci ha insegnato che le cose stanno così, ma chi è questo qualcuno?
E se quel qualcuno si fosse sbagliato? Cosa starebbe accadendo?

Starebbe accadendo che noi crediamo a cose non reali, non corrette, non vere e che di conseguenza tutto quello che produciamo è una realtà distorta, prodotta dalle credenze di qualcuno che a volte nemmeno conosciamo!

Sempre più pazzesco, non ti pare?

Dal cuore emergono le nostre realtà, che non sono nostre, e che perciò non dovrebbero neppure far parte della nostra vita, è solo quello che ci hanno insegnato a far accadere, del tutto inconsapevoli che siamo noi i co-creatori dei nostri successi e delle nostre disgrazie... e il tutto, in assenza di noi!

Sono le credenze delle persone a creare il mondo fisico.

Tutto questo come può accadere?
Ora, per mettere a tacere quella parte di te che si sarà di certo agitata e che ti starà dicendo: "Ma non vorrai mica crederci! Le tue disgrazie le crei tu? Idiozie! Questo non è possibile, questa è una emerita... stupidaggine (per parlare pulito!)", cercherò di fornirti altri dettagli.

A scuola ci hanno spiegato (in quelle noiose lezioni obbligatorie, modello segomantico, cioè rendendo complicato il semplice), che l'atomo è fatto come una piccola galassia, un piccolo sistema, con al centro un pallino e tanti altri corpi intorno. Un concetto giurassico che credo giri ancora per le aule di scuola.

Nell'ultimo periodo si è scoperto che l'atomo non è costituito da particelle, che non è solido ma onda, onda di energia in movimento, e che muovendosi forma!

Ci sono atomi chiamati atomi quantistici che sono come delle realtà: delle possibilità di futuro.

Queste realtà quantistiche sono le possibilità che noi attraiamo nel nostro mondo fisico, che non sono ancora reali, sono appunto delle probabilità.

Le occasioni di realtà arrivano come un'onda spiraliforme che si muove in senso orario, mentre un altro flusso d'onda roteando in senso anti-orario se ne va.

Ricordi che nel linguaggio popolare si parla di treni che passano una volta sola e che possiamo decidere o meno di prendere?
Ecco perché spesso ma senza consapevolezza diciamo: "Ho perso il treno!"
Molto corretta come affermazione!

Il fatto che noi tratteniamo o meno queste occasioni, questi treni che arrivano, queste promesse, dipende dalle nostre convinzioni, da quello che ci hanno insegnato a credere e a volere.

Ma come fanno gli atomi quantistici a diventare realtà?

Il cuore crea un campo magnetico che stabilizza queste onde attraverso i due possibili filtri-emozione: filtro paura e filtro amore.

L'atomo quantistico che va e che viene con le sue onde, qui finisce la sua corsa, grazie a questo complesso sistema cardio-sentimentale, diventando un atomo realtà, ossia stazionario, oppure no.

Niente più onde in entrata e in uscita, ma un'unica onda stabile crea la nostra realtà di adesso, l'Ora!

È come se noi non fossimo zoppi, ma siccome ci hanno insegnato che è giusto zoppicare, allora zoppichiamo!
Ma chi è lo zoppo?
Lo zoppo è un sistema di credenze e di convinzioni, convenzioni create da chi è venuto prima di noi, che si sono fossilizzate, cristallizzate come cosa buona e giusta, che spesso cosa buona e giusta non sono, almeno non per tutti noi.

Non tutto va bene per tutti, ma tutti possono, volendo, provare tutto!

Dico "volendo" poiché siamo noi a decidere le nostre censure, i nostri tabù e ciò che è vero e ciò che non lo è...

... e questo non perché sia vero in assoluto, ma siccome crediamo questo... così è!

Ecco che con una certa naturalezza impariamo a zoppicare... senza nemmeno sapere che abbiamo la possibilità di avere due gambe sane, e che non è necessario fare tanta fatica per spostarsi. È che ci hanno sempre insegnato che funziona così, che per avere qualcosa dobbiamo sudarcela e che la strada dei sacrifici è doverosa per ottenere risultati che durano. Ecco che si raccoglierà in base ai meriti che si possono vantare e alle qualifiche che si sono prese: convenzioni!

Se ciò che hai non ti piace, non puoi lamentarti, l'hai costruito tu passo dopo passo, con tutto quello che pensi sia vero.

Vuoi cambiare la realtà che ti ritrovi?

Per cambiare ciò che è già in essere è necessario cambiare gli atomi che compongono quello che c'è nel qui ed ora.

Per cambiare gli atomi che ci sono nel qui ed ora, bisogna cambiare l'energia dentro alla quale il singolo atomo vive.

Per cambiare questa energia è necessario cambiare le convinzioni che hanno perturbato questa energia.

Per cambiare le convinzioni è necessario accorgersi di quello che si pensa, che il buono o il cattivo, il funzionale o il non funzionale, non viene direttamente da noi, ma è prodotto dal nostro personale concetto di bene e di male, che ci è stato insegnato, inserito in noi come imprinting genetico.

Il tutto sapientemente manovrato dalla paura, da quella emozione pesante che tanto può condizionare la buona riuscita degli intenti.

Vuoi realizzare i tuoi desideri?

Stai attento alle emozioni che si muovono in relazione ad un tuo pensiero.

La parola emozione è davvero molto, molto interessante, e dall'etimo si capisce che "la deve sapere lunga in termini di condizionamenti".

Essa infatti è composta di due parti davvero significative che, esaminate, ci porteranno a decriptare un curioso segreto, che io definisco strutturale-condizionante.
Consta infatti della prima parte Emo che deriva dal greco e significa sangue, ossia le informazioni genetiche, la linea di sangue che determina le modalità di reazione ad un evento, e Zione, cioè movimento ed azione.

Le emozioni non sono dunque altro che le abitudini genetiche che ci sono state innestate come meccanismo di scelta indotta.
Interessante, non trovi?

Con stupore possiamo riconoscere come le parole manipolino i risultati e quante cose si trovino nascoste proprio lì, nel buio che si stende davanti ai nostri occhi offuscati, dove lo sguardo viene a perdersi, boicottato da quello che ci insegnano a guardare a discapito del vero, che altrimenti potremmo vedere.

Medita-ci su!

È giunta l'ora di una nuova consapevolezza: che come sto dipende da me, e che le convenzioni non esistono!

È giunta l'ora di camminare con tutte e due le nostre splendide gambe, se le abbiamo in salute, e che, se solo lo vorremo, ci faranno spiccare salti, o cadere bruscamente, ma saremo comunque sempre noi i protagonisti dei nostri viaggi!

È giunta l'ora di cambiare le nostre credenze, e per credenze non intendo certo quei mobili in cui conserviamo i biscotti!

15. L'osservatore

Osservare è Creare!

È nell'atto dell'osservazione che l'uomo crea il suo nuovo, prossimo futuro.

Egli è così operaio e architetto, mattone e casa, ospite e padrone...

Attraverso lo spostamento d'attenzione, egli partecipa alla co-creazione di interi universi che prendono ad esistere sotto il suo fecondo sguardo generatore.

Nel 1909 fu fatto un esperimento interessante: l'esperimento della doppia fessura.

Venne preso un fotone, una particella di luce, di cui noi siamo fatti. Gli scienziati avevano intenzione di osservare come si comportava sottoposto a diverse esperienze.

Il fotone fu posizionato davanti ad una barriera con una fessura, mentre dall'altra parte si ergeva una parete sulla quale sarebbe dovuto finire il viaggio della particella, la quale si comportò proprio bene, penetrando nella fessura e andandosi a schiantare sulla parete, secondo le aspettative degli scienziati.

I ricercatori a quel punto vollero fare un ulteriore esperimento, scegliendo di aumentare le fessure da una a due.

Questa volta il fotone scolpì, sui volti increduli degli scienziati, uno sguardo di enorme meraviglia!

La particella penetrò infatti in entrambe le fessure e sparì finendo la sua corsa nel pannello e ciò indusse gli sgomenti osservatori a riflettere. Com'era stato possibile?

Questo interessante esperimento fece notare molte cose.

La particella aveva cambiato la sua struttura ed era diventata onda per poter entrare in entrambe le aperture. Si era comportata come se avesse saputo che le fessure, nel secondo esperimento, erano due. Ma come può un fotone, che è una particella di luce, sapere qualche cosa?

Infatti non lo sapeva!

Lo sapevano solo gli scienziati, cioè gli osservatori!

Erano stati gli scienziati che sapevano, ad aver creato quella realtà, a cambiare la struttura del fotone affinché potesse penetrare in entrambe le fessure per poi ricomparire nel pannello.

È chi guarda che, attraverso il suo focus, crea la realtà!

L'osservatore non si limita ad osservare ma, proprio perché osserva e ha delle credenze, manipola la realtà, ossia è co-creatore della realtà.

Nei *Veda* (libri sacri provenienti dal mondo induista), si legge che la realtà esiste solo dove la mente crea un focus.

Sarebbe molto interessante a questo punto capire cosa ti sta a cuore, mio caro lettore!

Ti sei mai chiesto cosa ti sta a cuore?

Dove si trova il tuo focus mentale lì, in quel punto d'attenzione, tu ti trovi!

E lì si forma il tuo desiderio-pensiero, che verrà attirato sotto forma di possibilità, di atomo quantistico, per diventare velocemente atomo stabilizzato, e quindi realtà.

Diventa fondamentale porsi certe domande:

- "Cosa davvero desidero che accada?"

- "Chi voglio essere?"
Dovrebbero far parte delle nostre riflessioni d'intento quotidiane.

Nessuno si lamenterebbe più di quel che è, e di ciò che gli accade se prendesse consapevolezza di questo, che ognuno di noi attraverso il suo focus è padre e madre del proprio adesso e dei propri possibili futuri.

Contattare la parte più alta di noi, la Fonte, diventa a questo punto indispensabile per mantenere la nostra energia molto alta e per riuscire così ad attrarre eventi a noi più funzionali.

Ma cos'è la Fonte?
La Fonte è in un non luogo ed è composta di energia di prima mano.
Essa contiene le informazioni originarie su chi noi davvero siamo, sul significato dell'esperimento terreno.

Nelle sue frequenze vibra la divinità.
La Fonte dalla quale noi proveniamo è a nostra immagine e somiglianza, è uguale e diversa, è una e trina: la Fonte Divina, la Matrice originaria da cui tutto ha inizio e in cui tutto ha fine.
Essa si crea e si distrugge in ogni momento, è potenza energetica e dinamica in moto perpetuo.

Più noi siamo connessi alla Fonte, più capiamo come muoverci.
Seguirla, significa andare dove dobbiamo andare direttamente, senza difficoltà insormontabili. Ricorrendo al linguaggio delle metafore è come un'autostrada o un faro che ci facilita il percorso.

Chi è collegato con essa, quando cade si rimette in piedi velocemente, in quanto già connesso a sistemi più alti e più funzionali.
La Fonte ci aiuta continuamente attraverso persone, eventi, coincidenze.
Potremmo chiamarla Dio, ma è rispetto a lui uguale e distinta.

Potremmo chiamarla Universo, nel quale però c'è solo la direzione che a lei riconduce, verso l'Uno.

Ma i ponti, di ogni tipo, servono solo a chi non si prende la responsabilità di creare.

La Fonte, il Senza Nome è l'unico Dio, in assenza di divinità e in attesa che ci accorgiamo che non ci servono più ponti a fungere da tramite tra noi e il divino.

Perché noi siamo il divino, in quanto direttamente riflessi da Lui, anche se diversi.

Per oggi, almeno per oggi, prova a comportarti come se tutto dipendesse da te, una bella giornata di sole, il cibo in tavola, il vento sulle foglie, l'acqua sulle labbra, il sorriso dei tuoi amici, i riflessi del colore dei tuoi occhi.

Per oggi, solo per oggi, prova a non avere pretese, ma pretendi di soddisfare tu le tue pretese!

Per oggi, almeno solo per oggi, prova a decidere tu chi vuoi essere, solo per oggi prova ad aspettarti un miracolo.

Prova!

16. L'Età dell'Oro

Sei tu la luce, e la accendi quando vuoi e con chi vuoi!

Siamo entrati, dal giugno 2007, in un'epoca molto particolare.

In realtà essa è iniziata ancor prima, ma i portali si sono aperti solo in questo ultimo periodo.

Nel momento storico che stiamo vivendo, abbiamo una grande occasione, quella di fare un salto vibrazionale enorme assieme alla Terra.

Siamo tutti chiamati a dare il meglio di noi, vorrei capissi che è una grande opportunità questa che ci viene data ma che, come tutte le opportunità, presenta aspetti anche molto diversi.

Alcuni di questi sono davvero luminosi, altri molto di meno. Si muoverà anche tanta oscurità, questo è inevitabile nella legge degli opposti. Non può esistere luce senza tenebra, la tenebra svolge il suo compito, è buona, è giusta, ma soprattutto è a noi funzionale nella sua apparente s-funzionalità.

Ma siccome non mi piace il terrorismo psicologico, cercherò di spiegarmi meglio, premettendo che non c'è da spaventarsi, c'è solo da rimboccarsi le maniche!

Siamo giunti ad un passaggio evolutivo nel quale ci viene data la possibilità, cambiando la nostra griglia energetica, di aumentare enormemente la consapevolezza, e di vivere in una situazione migliore rispetto a questo stentato sopravvivere. Si sono da tempo persi i valori autentici, e questo non è per niente funzionale all'evoluzione, perché non rispetta l'evoluzione.

Cambierà il modo di produrre: si smetterà di costruire cose che si rompono dopo un anno, e allora buttate via perché non ne sarebbe economicamente conveniente la riparazione.

Alle persone verrà chiesto cosa sanno fare e non che qualifica hanno: sorgerà l'era dei talenti e tramonterà quella dei master!

Sarà un evento meraviglioso, tuttavia non sconosciuto alla memoria atavica.

Si è infatti già verificato all'epoca di Atlantide, quando l'umanità aveva davvero affinato le capacità psichiche, ma non era ancora sufficientemente compassionevole per passare il grande esame finale. Poiché l'evoluzione è da intendersi sia in senso spirituale che intellettivo, di pari passo.

Anche Madre Terra ha avuto la stessa nostra possibilità di fare il salto quantico ai tempi di Atlantide, anche lei, come noi, fu chiamata ad evolversi.

Ed allora neppure la Grande Madre ce la fece.

Il risultato lo conoscono tutti.

Il mitico continente scomparve, coi suoi abitanti, e la terra tornò ad una situazione evolutiva molto bassa.

L'umanità, assieme al pianeta, dovette passare di nuovo attraverso le varie fasi: la preistoria con la necessità di uccidere per soddisfare i bisogni primordiali, il medioevo con le persecuzioni, l'ignoranza, la prevaricazione ad opera dei potenti... e niente di tutto ciò era cosa nuova per l'umanità.

Ciò che non si è ben capito è destinato a ripetersi nel tempo.

Ora sta accadendo di nuovo, questa volta il Pianeta Terra affronterà con successo il salto vibrazionale, e guarirà sé stesso, noi invece non abbiamo nessuna garanzia e ognuno dovrà lavorare individualmente.

Raddoppieranno le nostre paure.

In questo periodo dell'Ora, noi siamo come una enorme damigiana piena d'acqua e di terra.

Nel trascorrere del tempo, nelle varie circostanze della vita, il fango è andato a depositarsi sul fondo.

Ora, con il cambiamento vibrazionale, è come se qualcuno, con un grosso mestolo, rimestasse tutto e venisse a galla la poltiglia, cioè le nostre paure sedimentate, tutta la parte emozionale più densa.

Ecco che andremo velocemente a sperimentare tutto ciò che temiamo ci accada.

Se tra le tue paure più profonde c'è quella dell'abbandono, attrarrai a te questa esperienza, anche più volte, fin quando accetterai di Essere anche senza qualcuno che ti faccia sentire che ci sei.

Detto questo l'esistenza potrebbe sembrare un giudice severissimo! Invece no, non è così, sono le leggi cosmiche ad esserlo, l'esistenza è solo amore, un amore grandioso e incondizionato, che riesce a vedere quello che diventerai, il tuo potenziale, al di là di ogni velo grigio che ci ricopre.

L'esistenza vede la nostra luce potenziale e ci ama per quello che ancora non siamo, ma che per lei già è!

Non è Dio a volere le nostre paure!

Non c'è nessuno da combattere se non ciò che ci fa stare male, e anche questo che ci ferisce non è male, è un'opportunità attraverso la quale si arriverà alla nostra liberazione personale.

In questo periodo tutti gli eventi traumatici di questa e di altre esistenze verranno molto più facilmente a galla.

È compito di ognuno di noi osservarli nel loro manifestarsi.

Ecco che, così facendo, si sarà pronti a lasciarli andare, con il rispetto che sa provare solamente chi sa cos'è il dolore, ma sa anche che quell'evento non gli appartiene più.

La persona a cui è accaduto quell'evento vive ormai nel passato che, proprio perché è passato, è falsamente utile all'Ora.

La persona nell'adesso ha altri obbiettivi, altri desideri e altri perché che la muovono.

Solo così, non attraverso il perdono, ma attraverso l'accettazione, noi troveremo la nostra liberazione. Nessun Dio che ci punisce, lì pronto ad aspettare che sbagliamo, come una spia che dice ai demoni: "Ecco, andatevelo a prendere quello lì, quello è stato un bambino cattivo, va punito!"

Accettare che non ci sono colpe e colpevoli, ma solo occasioni e chi ce le propone in prima persona, è un processo molto difficile. Ma non impossibile.
Si basa sempre sulla legge n° 1, che rimane l'Accorgersi di ciò che non va, di ciò che non si vuole più, e di ciò che invece si desidera.

In un certo senso siamo tutti chiamati ad essere sanamente egoisti, poiché solo attraverso la lettura veritiera di ciò che ci muove, di ciò di cui abbiamo davvero bisogno, delle persone che ci fanno bene e di quelle che per ora è meglio evitare, solo per questa via noi potremo capire come si ama il prossimo.
Il prossimo che siamo noi! Noi che siamo il prossimo, più prossimo a noi!

Attraverso il giudizio, questo strumento meraviglioso che è stato fatto passare nei secoli come un demone terribile, dal quale è utile stare lontano, possiamo fare molto per noi.

Giudicare non è criticare. Impariamo a giudicare!

Prima ti accorgi di ciò che ti fa bene e di quello che invece con te non c'entra niente, né con i tuoi intenti né col tuo essere, prima ti rendi conto di che tipo di musica suoni e che tipo di sinfonia attrai, prima sposti l'attenzione su queste verità... e prima entrerai nel Regno di Dio!

Siamo tutti musicisti che suonano con i tappi alle orecchie!

A malapena coscienti di noi, non cogliamo il meraviglioso intervento salvifico del nostro Divino Direttore d'Orchestra, la cui bacchetta ha talvolta l'aspetto di un bastone.

Potessimo almeno vederci! Invece no! Sordi e ciechi, lì a proporre i nostri personali borbottii, indirizzati al sistema che non funziona, oltre alle imprecazioni contro le tasse, le grida acute rivolte ai figli disobbedienti, i tromboni stonati al marito che non s'accorge, i piatti sbattuti in faccia alla moglie, i brontolii per l'immondizia da smistare e tutto il resto!

Privi di soluzioni spariamo a zero su chiunque provi ad averne! Perché ognuno ritiene che i propri problemi siano più grandi di quelli altrui.

Accorgiti del linguaggio dei segni, delle coincidenze miracolose che il nostro Direttore d'Orchestra ci dona. Attraverso questi segni capirai che sei sordo solo perché vuoi esserlo e che la soluzione è più semplice di quanto immagini!

Togliti i tappi!

Bibliografia

Tutti i testi per gli approfondimenti, e le fonti da cui ho tratto il delicato gusto dell'accorgermi:

Anne Givaudan, *Forme pensiero.* Edizioni Amrita.
Anne Givaudan, *Forme pensiero II.* Edizioni Amrita.
Gregg Braden, *Camminare tra i mondi.*
Gregg Braden, *Il linguaggio della Matrix Divina.* Macro edizioni.
Gregg Braden, *Risveglio al punto zero.*
Igor Sibaldi, *Il frutto proibito della conoscenza.* Frassinelli.
Mario Pincherle, *Archetipi.* Macro edizioni.
Paulo Coelho, *L'Alchimista.* Bompiani.
Paulo Coelho, *Manuale del guerriero della luce.* Bompiani.
Ramtha, *Entrare in contatto con l'anima.* Macro edizioni.

Film illuminanti

La profezia di Celestino.
Il meraviglioso mondo di Amelie.
Matrix.
Chocolat.
La leggenda di Bagger Vance.
American Beauty.
Kung-fu Panda.

Musica per l'anima che mi ha accompagnato in questa avventura

Ludovico Einaudi e le sue rotonde, magiche e nutrienti sonorità. A lui rivolgo il mio cuore, mentre intono un sentito Grazie!

Indice

Selezione dei titoli
Anima Edizioni

Barbara Amadori. *Medianità quantica.*
Giulia Amici; Carol Adrienne. *Guida pratica alla numerologia.*
Anonimo. *Destatevi Figli della Luce. Dall'«Io sono» al «nuovo millennio».*
A. Besant; C.W. Leadbeater. *Le forme-pensiero.*
Annie Besant. *Yoga.*
Elena Bianchi. *Michele Arcangelo messaggero di Dio.*
Salvatore Brizzi. *Officina Alkemica.*
Salvatore Brizzi. *Risveglio - con esercizi delle antiche scuole esoteriche.*
Carlotta Brucco. *Il segreto dell'essenza.*
Capitanata. *Il canto dell'OM* (con CD allegato).
Capitanata; Giuliano Guerra. *Relax per l'anima* (con CD allegato).
Ida Caruggi. *Da Cuore a Cuore - Comunicazioni con animali.*
Silvia Cecchini; Ezio Sposato. *L'abbraccio dei fiori* (con CD allegato).
Giorgio Cerquetti. *Saggezza senza tempo.*
Giorgio Cerquetti. *La scienza spirituale dei chakra* (con CD allegato).
Marco Clementi. *E se fosse così? E se dipendesse da noi?*
Marco Colantuoni; Paolo Piccinini. *Angeli - Gocce celesti per l'anima* (con CD allegato).
Marco Colantuoni; Paolo Piccinini. *La musica del cerchio* (con CD allegato).
Marco Colantuoni; Paolo Piccinini. *Piano Piano* (con CD allegato).
Franco Copes. *Il piede dalla A alla Z.*
Claudio Corbellini. *Agopuntura dalla A alla Z.*
L. Crespi; N. Turato. *L'anima della comunicazione.*
Luigi Crespi. *L'antidoto.*
Luigi Crespi. *SMS – Anima digitale.*
Bhagavan Das M.A. *La scienza delle emozioni.*
Adriano De Carlo. *L'ambiguità della perfezione.*
Giorgio Del Vecchio. *L'eterno canto di Bhagavan.*
Maria Grazia Di Niso; Gabriele Frigerio. *Il risveglio.*
Erminio Di Pisa. *Ipnosi dalla A alla Z.*
Ashraf Eskandar. *Il grande potere dei Salmi.*
Vincenzo Fanelli. *Il potere di rendersi felici* (con CD allegato).

Fabio Ferrucci; Gianni Golfera. *L'arte della memoria di Giordano Bruno.*

Nirodh Fortini. *Brainwaves* (con CD allegato).

Samantha Fumagalli. *Felicità - il tesoro nascosto.*

Samantha Fumagalli; Flavio Gandini. *L'anima svelata.*

Samantha Fumagalli; Flavio Gandini. *La quinta via.*

Cristina Garavaglia. *Diario di una nascita.*

Yor Glory. *2000 anni dopo Talita Kumi.*

Ludovico Guarnieri. *La formula di Rene Caisse. Un rimedio per difendersi dal cancro e dalle malattie degenerative.*

Ludovico Guarnieri. *La cosa più stupefacente al mondo. Avventure di un malato esperto.*

Ludovico Guarnieri. *Viaggio nonostante tutto.*

Giuliano Guerra. *Vivere corpo, mente, anima in armonia.*

F. Hartmann. *I simboli segreti dei Rosacroce.*

Haziel. *Il Taumaturgo.*

Haziel. *Le carte degli Angeli* (libro + 72 carte).

Olga Karasso. *Esperanza.*

Pier Luigi Lattuada. *Il corpo del sogno - istruzioni per l'estasi.*

Pier Luigi Lattuada. *Il corpo del sogno - pratiche sciamaniche di lunga vita* (con DVD allegato).

Pier Luigi Lattuada. *Sciamanesimo brasiliano.*

Nicola Limardo. *Salute dell'habitat.*

Alfredo Lissoni. *UFO.*

Maet. *Come superare il sistema capitalista.*

Adriana Mafio. *Gli angeli intorno a me.*

Luiz Maio Ruiz. *Il Sufismo.*

Graziella Mairate. *Geneologia familiare.*

Manuela Mancini. *Respiro per l'anima* (con CD allegato).

Elisabeth Mantovani. *Astrologia dalla A alla Z.*

Fabio Paolo Marchesi. *La Coppia Illuminata.*

Piero Marini. *L'enigma del destino rivelato dalla mano.*

Fabio Maselli. *Il momento della coscienza.*

Scilla di Massa. *Il giardino interiore.*

Rita Massarenti. *Ricomincio da capo.*

Maria Morganti. *Le Sezioni Binarie del VII Parallelo.*

Maria Morganti; Luciano Gasparini. *I Corpi di Luce.*

Daniel Odier. *Desideri, passioni e spiritualità.*

Doris. B. Orme. *Dio parla a Doris.*

Laura Pellegrini. *Letti di ghiaccio.*

Massimo Picasso. *Il gemello di Dio.*

Massimo Picasso. *Dio contro Dio.*

Angelo Picco Barilari. *Kryon. La sfida dell'impossibile.*

Angelo Picco Barilari. *Kryon. Rivelazioni sul 2012.*

Giorgio Picchi. *Radiestesia dalla A alla Z.*

Mario Pincherle. *Leopardi Segreto.*

Mario Pincherle. *Libro tibetano dei morti.*

Peter Roche de Coppens. *La famiglia spirituale del XXI secolo.*

Conte di Saint Germain. *Io sono.*

Roberto Maria Sassone. *La Ricerca dell'Amore.*

Roberto Maria Sassone. *Il Guerriero Interiore.*

Urankhatauli S. Savini. *La Luna Nera.*

Fiamma Rossa Secchi. *Il tentativo.*

Eddy Seferian. *La Grande Opera.*

Iole Sesler. *Numeri e conoscenza.*

Iole Sesler. *La Luna e altri simboli.*

Igor Sibaldi. *La trama dell'Angelo.*

Igor Sibaldi. *Iniziazione. Come incontrare i propri Maestri Invisibili* (con CD allegato).

Vitti Sicuri. *Cantico del Nilo - magia di un viaggio iniziatico.*

Maria Sion Crucitti. *Il sogno di Maria Maddalena* (con CD allegato).

Nada Starcevic. *Eros. Il sesto senso.*

Thomas Sugrue. *La storia di Edgar Cayce, vi è un fiume.*

Giancarlo Tarozzi. *Reiki – Dal primo al terzo Millennio* (con CD allegato).

Ornella Tomasoni. *Iniziazione alle energie degli arcangeli.*

Marie Noelle Urech. *I sogni e l'infinito.*

Valdo Vaccaro. *Alimentazione naturale.*

Victor Wichj. *Messaggi. La Legge Divina non è la Legge dell'Uomo.*

Monia Zanon. *Sincronicità - tutto ciò che non sai può essere usato contro di te.*

Gabriella Zevi. *Donne in via d'estinzione?*

Gabriella Zevi. *Donne felici.*